Reinhold Ruthe

Konsequenz in der Erziehung

Reinhold Ruthe
Konsequenz in der Erziehung
1. Auflage – Meran: ERF Südtirol, 2007

ERF Verlag Südtirol: ISBN 978-88-88259-56-7
ERF Verlag, Wetzlar: ISBN 978-3-89562-994-5

Best.-Nr. 312.075.165

Edition Ruthe

Umschlaggestaltung: ERF Studio Südtirol
Bildnachweis: Istockphoto

Lektorat: Viola Oberrauch
Bildbearbeitung: Nicole Heinz

Gesamtherstellung:
ERF Verlag Südtirol

Druck:
Global Print / Union-Druckerei
Printed in Italy 2007

Inhalt

Vorwort 9

Kapitel 1
Die Familie als Problemfeld Nr. 1 13
Eltern und Erzieher sind hin- und hergerissen 14
Katerstimmung in der Pädagogik 15
Ohnmächtige Eltern 17
Überforderte Eltern – überforderte Kinder 20
Sind Familie und Beruf miteinander vereinbar? 21
Ganztagsbetreuung für Kinder unter drei Jahren? 24
Stirbt Deutschland aus? 26
Was sagt die Statistik? 27
Die Kinderfrage ist eine Beziehungsfrage 27
Die Gesellschaft fragt stärker nach Werten 29
Wie Christen erziehen 32

Kapitel 2
Haupterziehungsfehler: Verwöhnung 37
Eltern, die zur Verwöhnung neigen 37
Was sich der Verwöhnte von der Ehe erträumt 38
Fehler Nr. 1: Eltern geben nach 40
Fehler Nr. 2: Jüngste Kinder werden oft in Watte gepackt 41
Fehler Nr. 3: Einzelkinder werden oft verwöhnt 42
Fehler Nr. 4: Wenn die Abnabelung nicht geklappt hat 43
Fehler Nr. 5: Belohnen Sie nicht jede Mithilfe! 45

Fehler Nr. 6: Verwöhnung verhindert das Erwachsenwerden 46
Fehler Nr. 7: Wer Kinder verwöhnt, misshandelt sie 47
Fehler Nr. 8: Eltern sind gute Freunde für die Kinder 48
Fehler Nr. 9: Sie ziehen ein Kind vor 49
Fehler Nr. 10: Kranke oder behinderte Kinder werden verwöhnt 50
Fehler Nr. 11: Falsches Mitleid verstärkt die Verwöhnung 51
Einige Hinweise für Eltern und Erzieher 53
Wenn die Verwöhnung Pate steht 54

Kapitel 3
Haupterziehungsfehler: Überbeschützung 57
Fehler Nr. 1: Eltern und Erzieher denken für das Kind 58
Fehler Nr. 2: Mütter mit Eheproblemen neigen zur Überbeschützung 59
Fehler Nr. 3: Das „Hotel Mama" fördert die Überbeschützung 60
Fehler Nr. 4: Verhätschelte Kinder reagieren mit Angst 61
Fehler Nr. 5: Sie sind zu mitleidig! 62
Fehler Nr. 6: Überbeschützung belastet die Partnerbeziehung 64
Fehler Nr. 7: Auch Überentlastung entspricht der Überbeschützung 65
Fehler Nr. 8: Die Störer in der zweiten Reihe 66
Wie Überbeschützung zur Lebenslüge erzieht 69

Kapitel 4
Haupterziehungsfehler: Inkonsequenz 75
Warum haben Eltern manchmal Schwierigkeiten, konsequent zu sein? 75
Eltern machen sich zum Opfer 76
Die liebevoll-konsequente Erziehung 78
Inkonsequenz – fünf Fehlverhaltensmuster 80
1. Fehlverhaltensmuster: Schaukelpädagogik 80
2. Fehlverhaltensmuster: Jein-Antworten 80
3. Fehlverhaltensmuster: Falsche Nachgiebigkeit 80
4. Fehlverhaltensmuster: Viel reden und nicht handeln 81
5. Fehlverhaltensmuster: Großeltern und Eltern erziehen unterschiedlich 82
Vier Folgen der Inkonsequenz 82
Folge 1: Entschlusslosigkeit 82
Folge 2: Das Kind will gefallen 83
Folge 3: Das Kind tyrannisiert 83
Folge 4: Kinder leiden unter Gewissensschwäche 84
Die Kontrasterziehung 84
Wenn das Kind trotzt 85
1. Ursachen des Trotzes 85
2. Trotz ist positiv 86
3. Ichhaftigkeit tut not 87
4. Was Eltern vermeiden müssen 89
Auslöser 1: Einmischungen in die körperliche Betätigung des Kindes 92
Auslöser 2: Umstellungen in der gewohnten Ordnung 93
Auslöser 3: Wegnahme oder Verweigern gewünschter Gegenstände 93

Auslöser 4: Durchkreuzen eines kindlichen Planes 93
Laute und stille Kinder 93
Konsequenz in der Trotzphase 94
Tipp Nr. 1: Fangen Sie nicht an zu argumentieren! 95
Tipp Nr. 2: Machen Sie sich nicht lustig! 96
Tipp Nr. 3: Versuchen Sie nicht, das Kind zu beruhigen! 96
Tipp Nr. 4: Nehmen Sie Wutanfälle nicht persönlich! 96
Tipp Nr. 5: Lassen Sie sich nicht durch Trotzanfälle erpressen! 97
Nachgeben um des lieben Friedens willen 97
Tipp Nr. 1: Klare Werte 99
Tipp Nr. 2: Taten statt zu viele Worte 99
Tipp Nr. 3: Besonnenheit 99
Tipp Nr. 4: Liebe statt Nachgiebigkeit! 100
Tipp Nr. 5: Altersgemäße Forderungen 100
Fallen Sie Ihrem Ehepartner nicht in den Rücken! 101

Kapitel 5
Wie motiviere ich mein Kind? 105
Was heißt Motivation? 105
Ich kann Motivation kausal und final erklären 107
Die Motivation verläuft kausal wie final weitgehend unbewusst 108
Was hindert die Motivation? 109
Beispiel 1: Mangelnde Motivation durch Desinteresse 112
Beispiel 2: Mangelnde Motivation durch autoritäres Verhalten 113
Beispiel 3: Mangelnde Motivation durch zu viel Kritik 114

Was fördert die Motivation? 115
Denkanstoß Nr. 1: Ich muss das Kind wirklich lieben 119
Denkanstoß Nr. 2: Die Motivation ist eine Frage der inneren Einstellung 121
Denkanstoß Nr. 3: Wir nehmen das Kind an, wie es ist 121
Denkanstoß Nr. 4: Ich vermeide negative Erwartungen 122
Denkanstoß Nr. 5: Eltern sind Vorbilder 123

Kapitel 6
Erziehung zur Verantwortung 125
Denkanstoß Nr. 1: Verantwortungslose Kinder werden rücksichtslos 127
Denkanstoß Nr. 2: Die Sekundärtugenden sind wieder gefragt 129
Denkanstoß Nr. 3: Wir wollen unseren Kindern von Gott erzählen 131
Denkanstoß Nr. 4: Erst kommt der Lebenspartner, dann kommen die Kinder 133
Denkanstoß Nr. 5: Es geht um die Bildung des Charakters 134
Denkanstoß Nr. 6: Verwechseln Sie nicht Verantwortung mit Machtstreben! 137
Denkanstoß Nr. 7: Eltern und Erzieher benötigen Autorität 141
Denkanstoß Nr. 8: Verantwortungsgefühl, weil „Menschen wichtig sind“ 148
Denkanstoß Nr. 9: Wir sind zu Opfern erzogen worden 150

Denkanstoß Nr. 10: Müssen wir die Tat an sich entschuldigen? 151
Denkanstoß Nr. 11: Vier Leitsätze für Familien in der Verantwortung vor Gott 153
Leitsatz Nr. 1: Die christliche Familie lebt nach biblischen Grundsätzen 153
Leitsatz Nr. 2: Die christliche Familie kennt keinen hoffnungslosen Fall 154
Leitsatz Nr. 3: In der christlichen Familie geht es nicht ums Herrschen, sondern ums Dienen 154
Leitsatz Nr. 4: Die christliche Familie kennt keine Rangordnung, sondern Gleichwertigkeit 155

Literaturhinweise 157

Vorwort

Inkonsequenz, Verwöhnung und Überbeschützung sind die häufigsten Erziehungsfehler in deutschen Familien. Die 68er-Generation hat ganze Arbeit geleistet und die überholten autoritären Erziehungssysteme auf den Müllhaufen der Geschichte gekippt. Sie sind streckenweise ins völlige Gegenteil vorgestoßen und haben mit der antiautoritären Erziehung viele Eltern und Pädagogen verunsichert. Eltern fühlen sich mit der Betreuung ihrer Kinder überfordert. Sie leiden oft mehr als die Kinder. Zwischen Nachgiebigkeit, Großzügigkeit und Konsequenz strapazieren sie ihre Nerven. Sie stehen in der Gefahr, sich im Dschungel der pädagogischen Richtlinien zu verwirren. Es fehlt

- ein verbindliches Gesellschaftsbild für die Zukunft,
- ein klares pädagogisches Rüstzeug, das Eltern für den Umgang mit ihren Kindern brauchen,
- ein verbindliches Wertesystem, das aufzeigt, was richtig und was falsch ist,
- ein Erziehungskonzept, das Eltern gewiss und nicht unsicher macht und den Verantwortlichen hilft, Verwöhnung und Überbeschützung zu vermeiden und Konsequenz und Grenzziehung effektiver zu praktizieren.

Erziehungsprobleme betreffen alle Schichten der Gesellschaft. Es fehlen klare Erziehungsgrundsätze auf der einen und Herzenswärme auf der anderen Seite. In einer Emnid-Umfrage räumen 91 % der deutschen Eltern Erziehungsfehler ein.

Es geht in diesem Buch nicht

- um Bevormundung der Kinder,
- um das Wiederauflebenlassen patriarchaler oder autokratischer Methoden,
- um Stärkung der Elternautorität *gegen* die Kinder.

Es geht darum,

- aufzuzeigen, was heute in vielen Familien gespielt wird,
- was Eltern und Kinder heute benötigen
- und welche Erziehungspraktiken helfen, ein positives Familienklima zu erreichen.

Kein Zweifel: Eheprobleme und Ehescheidungen haben den Erziehungsnotstand verstärkt,

- weil Eltern in Erziehungsfragen nicht übereinstimmen,
- weil Eltern unsicher sind, wie sie sich richtig verhalten sollen,
- weil Eltern keine Vorbilder für den Nachwuchs darstellen,
- weil in der Familie Harmonie, Geborgenheit, Achtung und Respekt voreinander fehlen.

Ich habe über 25 Jahre als Psychotherapeut für Kinder und Jugendliche und als Familienberater in einer Beratungsstelle gearbeitet. Die verschiedenen Erziehungswellen der letzten Jahrzehnte habe ich erlebt und möchte Eltern und Erzieher stärken, im Sozialisationsprozess bewusster *mit* den Kindern zu klaren Entscheidungen zu kommen, die den Frieden im Zusammenleben garantieren.

In diesem Buch geht es

- um Mut zur Verantwortung, den Eltern und Kinder gemeinsam aufbringen müssen,
- um die Erkenntnis, dass Grenzen setzen eine notwendige Orientierung für alle Beteiligten beinhaltet,
- um die Einsicht, dass Verwöhnung und Überbeschützung abgebaut werden sollten,
- um die Gewissheit, dass Konsequenzen in Absprache mit dem Nachwuchs zu praktizieren sind.

Auch als Christen wollen wir dem Erziehungsauftrag gerecht werden, die Kinder nach biblischen Maßstäben zu erziehen. Wir wollen

- nicht herrschen oder kapitulieren,
- nicht autoritär erziehen und nicht schleifen lassen,
- nicht Gehorsam erzwingen, aber auch nicht verwöhnen.

Eine gute Erziehung ist ein Kunstwerk. Das vierte Gebot ist das Leitmotiv für eine christliche Erziehung: „Du sollst deinen Vater und deine Mutter ehren, dass du lange lebst in dem Lande, das dir der Herr, dein Gott, geben wird." (2. Mose 20, 12)

Wer seine Eltern ehrt, sie achtet und respektiert und ihnen Ehrerbietung erweist, hat besonders als Kind alle Tugenden trainiert, die später für seine eigene Elternschaft notwendig sind: Was wir gelernt haben, können wir weitergeben. Und für Eltern und Erzieher gilt:

„Erzieht sie mit Wort und Tat nach den Maßstäben, die der Herr gesetzt hat." (Eph. 6, 4)

- Wir wollen nicht unsere Maßstäbe durchsetzen, sondern Gottes Maßstäbe,
- wir wollen nicht herrschen, sondern dienen,

- wir wollen nicht Köpfe, sondern Füße waschen,
- wir wollen nicht unsere guten Absichten mit Gottes Richtlinien verwechseln,
- wir wollen Konsequenz nicht mit Druck und Zwang praktizieren.

Aus meiner Beratungspraxis möchte ich ihnen einen Aspekt für die Umsetzung ans Herz legen:

Stellen Sie nicht *vieles* um, wenn Sie Schwächen im Zusammenleben und in der Erziehung erkennen. Beginnen Sie mit *einer* Regel, die Ihnen hilfreich erscheint und mit der Sie inhaltlich voll übereinstimmen. Was Sie im Buch nicht überzeugt, legen Sie getrost beiseite. Nur was Sie aus vollem Herzen bejahen und worin Sie als Eltern einer Meinung sind, das versuchen Sie *konsequent* zu praktizieren. Wenn alle Beteiligten so eine Regel auch noch ins Gebet nehmen können, kann ein effektiver Veränderungsprozess in der Familie beginnen. Zur Konsequenz gehört, dass es Rückfälle gibt, die Sie einkalkulieren sollten. Aber das als richtig Erkannte sollten Sie nicht wieder aufgeben!

Kapitel 1

Die Familie als Problemfeld Nr. 1

Die Familie scheint in vielen europäischen Ländern zum Problemfall Nr. 1 geworden zu sein. Spätestens seit der PISA-Studie ist die Schieflage des Schul-, Bildungs- und Erziehungssystems offensichtlich geworden. Viele haben erkannt, dass eine Kursänderung dringend geboten ist. Ein Blick über die Landesgrenzen hinweg macht deutlich, dass beispielsweise in Skandinavien und Kanada längst gegengesteuert wird.

Das Elternhaus muss als zentraler Bildungsort neu erkannt werden. Mehr als 22 % der 15-Jährigen in Deutschland können auch laut der zweiten PISA-Studie einfachste Texte nicht lesen und verstehen; rechnen können sie selbst am Ende ihrer Pflichtschulzeit allenfalls auf Grundschulniveau.

Schlüsselqualifikationen und Arbeitstugenden, die in Gesellschaft und Arbeitswelt gefordert werden, fehlen. Dazu gehören:

- Teamfähigkeit,
- Kommunikationsfähigkeit,
- Hilfsbereitschaft,
- Respekt,
- höfliche Umgangsformen,
- Verantwortungsbewusstsein,
- Aufmerksamkeit,
- Fleiß,
- Beständigkeit und
- Zuverlässigkeit.

Zum freien Markt gehören auch freie Schulen. Der Anteil der Privatschulen liegt in Deutschland zurzeit bei 5 %. Die

Niederlande dagegen verzeichnen einen Privatschulanteil von über 70 %.

Eltern und Erzieher sind hin- und hergerissen

Erziehung der Kinder ist keine Gefühlssache, sondern eine Frage des bewussten und verantwortlichen Handelns. Unsere Großeltern hatten Erziehungsgrundsätze. Sie passten in die damalige Zeit. Aber die patriarchalischen und autokratischen Erziehungsmuster gelten nicht mehr. Erziehung heißt nicht,

- jemanden beherrschen wollen,
- jemandem seinen Willen aufzwingen,
- jemanden manipulieren,
- jemanden durch Druck und Befehle auf Vordermann bringen,

sondern Erziehung heißt,

- Wachstum fördern,
- Selbstständigkeit und Verantwortungsbereitschaft ermöglichen,
- klare Grenzen setzen,
- Gebote und Verbote verbindlich leben,
- biblische Maßstäbe vorbildhaft realisieren.

Wenn wir ehrlich sind, ist die Familie der Entstehungsort für die meisten Störungen und Verhaltensauffälligkeiten. Selbstverständlich spielen anlagebedingte Schwierigkeiten im Kind eine große Rolle. Die Familie ist jedoch der Ort,

- wo Kinder Grundlebenserfahrungen machen,
- wo die Fundamente für Mitmenschlichkeit und Nächstenliebe gelegt werden,
- wo positive oder negative Werte verinnerlicht werden,

- wo Verantwortlichkeit vor sich selbst, vor anderen und vor Gott eintrainiert werden.

Aber in der heutigen Erziehungspraxis sind viele Kinder

- fehlangepasst,
- orientierungslos,
- hin- und hergerissen und
- demonstrieren dissoziale Umgangs- und Verhaltensmuster.

Was sind die Ursachen?

Was sind die Motive?

Was sind die Gründe?

Katerstimmung in der Pädagogik

Schon vor der Jahrtausendwende wurden die Stimmen immer lauter, die dringend eine Reform des Erziehungswesens verlangten. Ich greife nur einen Beitrag heraus, der 1998 in der Zeitschrift „Psychologie heute“ erschien. Er trug den provozierenden Titel: „Sie tun, was ihnen passt!“

„Eltern und Erzieher sind gestresst und überfordert. Die heranwachsende Generation tanzt ihnen auf der Nase herum. Stark verunsichert entdecken die Erwachsenen neu alte pädagogische ‚Tugenden‘“. So beginnt der Beitrag von Dr. Heinz Zangerle, Kinderpsychologe und Psychotherapeut. Wörtlich heißt es bei ihm: „In der Pädagogik herrscht Katerstimmung. Ausgerechnet am Ausgang des ‚Jahrhunderts des Kindes‘, von der Reformpädagogin Ellen Key so hoffnungsvoll eingeläutet, ist der Streit um die Erziehungsfrage erneut entflammt. (...) In vielem haben sie längst die Regierung übernommen, in Richtung Terrorregime, die ‚rotzfreche – Armee – Fraktion‘ und sagt, wo's lang geht. Ihre Bedürfnisse haben immer Vorrang.“ [1]

Was geschieht?

- Der Streit um Erziehungsfragen ist neu entbrannt. Die Kritik kommt nicht von oben, sondern es sind deutliche Signale der Eltern, Lehrer und Erzieher. Der Unmut wächst.
- Etwa 30 Jahre nach dem Höhepunkt der antiautoritären Bewegung beginnt die öffentliche Abrechnung. Die SÜDDEUTSCHE ZEITUNG spricht von „Kindern der Freiheit“, die ihrem Ruf mehr als gerecht werden. In Familien haben sie längst die Regierung übernommen.
- Der Kinderpsychologe und Kindertherapeut spricht vom „Nachwuchs der permissiven Gummiwand-Gesellschaft“.
- Um alles und jedes gibt es ein nervenaufreibendes Herumverhandeln mit den Kindern. Süßigkeiten, Fernsehen, Zähneputzen, Kleiderfragen, Ausgeh- und Schlafenszeiten sind Gegenstand permanenter Verhandlungen.
- Vier von fünf Befragten glaubten laut einer Umfrage des SPIEGELs Ende 1997, dass die Kinder in den letzten zehn Jahren zu liberal erzogen worden sind. Sie wollen sich von der antiautoritären Pädagogik verabschieden. Und ausgerechnet die 18- bis 24-Jährigen zeigen die stärkste Ablehnung gegenüber einer viel zu laschen Kindererziehung.
- Auch die Erwartungen der Eltern an die Schule sind eindeutig. Neben der Vermittlung von Wissen erwarten sie vermehrt eine Vermittlung von Erziehung. Gefordert werden mehr Disziplin und mehr soziale Fähigkeiten bei Kindern und Jugendlichen. Angesagt sind:

- Mut zur Erziehung,
- Mut zur Autorität,
- Mut zur Vermittlung von Tugenden,
- Mut zur Vermittlung von Werten.

Ohnmächtige Eltern

Wenn wir uns die Machtverhältnisse in modernen westlichen Familien anschauen, sind wir erstaunt:

- die natürliche Hierarchie, dass Eltern bestimmen, scheint auf den Kopf gestellt zu sein;
- die Kleinen tyrannisieren die Großen;
- viele Eltern spielen Sklaven für ihre Kinder;
- viele Eltern wehren sich in ohnmächtiger Wut und werden plötzlich gewalttätig;
- viele Kinder und Jugendliche kämpfen um Rechte und Ansprüche;
- höchster Ausdruck von Lebensglück ist die Freiheit im Sinne der Entfaltung der Persönlichkeit und einer ständigen Selbstverwirklichung.

Welche Mittel haben Eltern, ihren Auftrag zu erfüllen? Welche Fähigkeiten möchten sie entwickeln? Wie lassen sich junge Menschen in einer markt- und konsumorientierten Gesellschaft zu selbstständigen Persönlichkeiten heranbilden? Viele Eltern sind ratlos, hilflos und mittellos. Hilflosen und ohnmächtigen Eltern stehen Kinder gegenüber, die über viele Machtmittel verfügen, die Leitung der Eltern auszuhebeln. Wie lauten einige Machtmittel?

1. Kinder wissen, dass sie wertvoll sind

Wenn die Durchschnittsfamilie in Deutschland mit 1,5 Kindern gesegnet ist, dann wissen die Kinder instinktiv, dass sie eine große Bedeutung haben. Bei Trennung und

Scheidung kämpfen Eltern oft leidenschaftlich um ihr höchstes Gut, die Kinder.

2. Kinder wissen, was sie wollen

Die Erziehung in den letzten Jahrzehnten hat dem Kind die Gewissheit geschenkt:

- Ich bin wichtig,
- ich darf mich verwirklichen,
- ich weiß, was ich will,
- ich lerne schon früh, mich durchzusetzen.

3. Kinder nutzen ihre Macht, weil die Eltern nicht präsent sind

Die meisten Eltern gehen arbeiten. Sie sind nur am Abend oder am Wochenende für die Kinder verfügbar.

- Eltern sind häufig *müde.*
- Eltern sind häufig *überfordert.*
- Eltern reagieren mit einem *schlechten Gewissen.*

Sie geben nach, sie lassen fünfe gerade sein, sie wollen nicht den Tyrannen spielen, sie spielen ungewollt den Kindern die Macht in die Hände.

4. Kinder nutzen die Ohnmacht der Eltern

Ohnmacht verleitet häufig zu dem Ausspruch: „Mach, was du willst!“ Die Eltern haben kapituliert und werfen das Erziehungshandtuch. Das Kind jubiliert, es hat die Freiheit zu machen, was es will.

Was machen Eltern und Erzieher falsch?

Die Verhaltensforschung sagt, dass sich Tiere und Menschen, die sich existentiell bedroht sehen, auf dreifache Weise schützen.

- Möglichkeit 1: Sie *greifen* an, wie es Tiger, Löwen oder Stiere tun;
- Möglichkeit 2: Sie *fliehen* wie Mäuse, Hasen, Rehe oder Gazellen;
- Möglichkeit 3: Sie *erstarren* wie eine Schildkröte oder wie ein Igel.

Martin Koschorke, Theologe und Dozent am Institut für Ehe- und Lebensberatung in Berlin, schreibt:

„Diese Reaktionsmuster kann man auch im Verhalten von Partnern wunderbar beobachten. Fühlt sich einer der Partner in seinem Territorium, in wichtigen Bedürfnissen oder Interessen bedroht, so wählt er in der Regel fast automatisch eine der drei Strategien:

- Er attackiert den anderen mit Worten, im Tonfall oder im Verhalten;
- oder er weicht aus, zieht sich zurück, verweigert sich;
- oder er lässt alles an sich abtropfen, zieht sich in sich selbst zurück, reagiert nicht.

Eltern bevorzugen in der Regel eine der drei Strategien, die sie häufig mit einer anderen kombinieren.“ [2]

- Eltern haben verlernt, klare Grenzen zu setzen.
- Eltern haben verlernt, ihre Ansprüche auf vertretbare Weise mit den Kindern abzustimmen.
- Eltern haben verlernt, sich ohne Tyrannei durchzusetzen.

„In der Familie ist es die Aufgabe der Eltern, Zuwendung zu geben und Grenzen zu setzen. Hier müssen Eltern beispielsweise lernen, das Wort ‚bitte‘ nicht zu benutzen, wenn sie notwendige Grenzen ziehen. Das Wort ‚bitte‘ lässt dem Angesprochenen die Wahl, das erwartete Verhalten zu tun oder nicht zu tun. Es setzt Gleichwertigkeit voraus. Eltern und Kinder befinden sich jedoch nicht auf der gleichen hierarchischen Ebene. Aufgabe der Eltern ist es, in bestimmten Konfliktfällen ihren Willen auch gegen die Kinder durchzusetzen, allerdings in einer Haltung gewaltfreier Zuwendung", schreibt Martin Koschorke.[3]

Gegenüber der antiautoritären Erziehung der Vergangenheit, die Eltern und Erzieher bis heute hilflos und ohnmächtig gemacht hat, sind solche klaren Forderungen hilfreich.

Überforderte Eltern – überforderte Kinder

Eltern tun viel, oft zu viel, aber nicht das Richtige. Sie wollen, dass aus ihren Kindern etwas wird. In Deutschland werden von Kindergärten, Schulen, Kirchen, Wohlfahrtsverbänden und dem Kinderschutzbund Erziehungskurse angeboten. Viele überforderte Eltern besuchen diese Kurse. Ihnen gelingt es nicht, mit dem Drängen ihrer Zöglinge nach spontaner Wunschbefriedigung richtig umzugehen. Weil viele Eltern statt *„nein" „meinetwegen"* sagen, ziehen sie quengelnde und sich durchsetzende Kinder heran.

Seit Jahren verzeichnet die Bundeskonferenz für Erziehungsberatung einen Anstieg der Konsultationen. Die „Super-Nanny" im Fernsehen mit ihren schnellen und einschneidend praktizierten Hilfen ist für Eltern eine Wunderpädagogin. Und doch warnen viele Fachleute vor unbedachter Nachahmung der Super-Nanny-Tipps. Warum?

- Die pädagogische Serie propagiert ein autoritäres Modell,
- die Erziehung lässt den nötigen Respekt vor dem Kind vermissen,
- die Rechte der Kinder werden nicht genügend beachtet.

Eltern und Erzieher müssen sich hüten, wieder ins autoritäre Fahrwasser einzuschwenken. Autoritäre Erziehungspraktiken müssen der Vergangenheit angehören. Autoritäre Erziehungspraktiken arbeiten mit

- Anpassung,
- unbedingtem Gehorsam,
- Dressur,
- Anordnungen, die nicht hinterfragt werden können,
- Druck und Manipulation.

Aber wirkliche und wahre Autorität ist etwas anderes. Sie ist heute nötiger denn je. Die antiautoritäre Erziehung hat damals *autoritäres* und *autoritatives* Verhalten in einen Topf geworfen. Bis heute wissen die meisten Erwachsenen nicht, dass das Eigenschaftswort von Autorität nicht etwa autoritär heißt, sondern autoritativ. Autoritäres Verhalten in der Pädagogik und echte Autorität verhalten sich wie Feuer und Wasser.

Sind Familie und Beruf miteinander vereinbar?

Der Trendforscher Matthias Horx in Deutschland hat viele Politiker und Frauen, die unbedingt ihren Platz im Beruf sehen, mit seiner These verärgert:

„Vielleicht lassen sich Familie und Beruf gar nicht miteinander vereinbaren; möglicherweise zahlen diejenigen, die es mit Power versuchen, einen sehr hohen gesundheitlichen Preis.“ [4]

Nervenzusammenbrüche, Burn-outs und Herzinfarkte haben bei Frauen, die den Doppelberuf als Hausfrau und Berufstätige gewählt haben, erheblich zugenommen. Horx hat recht: Wenn Frauen Bilanz ziehen, wollen die meisten beide Bereiche realisieren, aber sie zahlen einen hohen gesundheitlichen Preis.

Die Zeitschrift „idea-spektrum“ hat zwei Frauen gebeten, das Für und Wider der Frage zu beleuchten. Die Schuldirektorin Martina Limeinsky hat sich entschieden gegen die Vereinbarkeit von Familie und Beruf ausgesprochen. Folgende Gesichtspunkte sind für sie maßgebend:

- Die Vereinbarkeit geschieht nur auf Kosten der Frau, und zwar in körperlicher und seelischer Beziehung;
- die Doppelbelastung von Erwerbsleben und Familienmanagement bedeuten Mangel an Schlaf, Nervosität und Leistungsdruck;
- Verspannungen werden chronisch, es kommt zu psychosomatischen Krankheitssymptomen;
- viele Frauen, die beide Bereiche wahrnehmen, sind frustriert und haben ein schlechtes Gewissen, weil sie zu wenig Zeit für Partner und Kinder haben;
- die Doppelbelastung als Lebensprinzip führt zu einer kranken Gesellschaft;
- Frauen mit Doppelbelastung streben in erster Linie eine Selbstverwirklichung an und stellen das Wohl der Kinder auch ihrer eigenen Meinung nach in den Hintergrund.

Frau Luitgardis Parasie, Pfarrerin und Therapeutin, vertritt genau den entgegengesetzten Standpunkt. Sie ist der Überzeugung,

- dass häufig in Europa *ein* Gehalt nicht ausreicht, um die Familie standesgemäß zu versorgen;
- dass eine Frau, die einen erfüllten Beruf wahrnimmt, Kraft für die Familie geschenkt bekommt;
- dass eine Frau, die beruflich Erfolg und Anerkennung erlebt, genügend Energie und Schwung erhält, um die Familie zu managen;

- dass es den Kindern gut geht, wenn Vater und Mutter in Ehe und Beruf zufrieden sind;
- dass glückliche berufstätige Eltern für Kinder besser sind als unzufriedene Mütter und Väter;
- dass sich Familie und Beruf am leichtesten vereinbaren lassen, wenn Vater und Mutter gleichermaßen kompetent für die Kinder ansprechbar sind;
- dass Ersatzpersonen wie Tagesmütter und Haushaltshilfen heute Aufgaben wahrnehmen, die früher von der Großfamilie geleistet wurden.

Eine Überzeugungstäterin ist die Kindertherapeutin Christa Meves, die konsequent und ohne Vorbehalte die These vertritt: „Mutterschaft ist der wichtigste Beruf." Sie geht davon aus, dass das Neugeborene die Geborgenheit und die Nähe der Mutter benötigt. „Sind Nähe, Geborgenheit und intensive Zuwendung nicht gegeben, können später mangelnde Bindungsfähigkeit und ein Boom von Depressionen, wie sie in den westlichen Ländern beobachtet werden, sich ergeben." [5]

Sie bedauert zutiefst, dass im Jahre 2003 50,6 % der Frauen mit einem oder mehreren Kindern unter drei Jahren erwerbstätig waren. Sehr stark kritisiert sie das Modell der ehemaligen DDR, wo die Mütter bereits kurz nach der Geburt wieder arbeiten mussten, statt zu Hause ihre Töchter und Söhne zu betreuen. Wörtlich sagt Meves:

„Die Folgen sind unter anderem millionenfacher Alkoholismus und Arbeitsunfähigkeit, wie auch Michael Gorbatschow in seinem Buch ‚Perestroika' beklagt." [6]

Die Gegner der Doppelbelastung von Familie und Erwerb bringen handfeste Begründungen, die überzeugen und einleuchtend sind. Sehr wahrscheinlich treffen sie die seelische und körperliche Befindlichkeit der Frauen und Familien genauer als die Befürworter. Denn die Belastungen sind unverkennbar, die seelischen und psychosomatischen Probleme für alle Beteiligten nachvollziehbar. Die Benachteiligung für Kinder und Jugendliche sind fühlbar. Für viele Frauen ist „Hausfrau“ kein Beruf, sondern eine Zumutung. Die meisten haben eine gute Schulbildung erlebt und suchen Bestätigung und Anerkennung im beruflichen Wettbewerb. Die jahrzehntelange Diskriminierung der Hausfrau hat Früchte getragen.

Es besteht kein Zweifel: Wenn Politiker aller Couleur die Ganztagsschulpflicht fordern, ein Müttergehalt ablehnen und stattdessen lieber Krippen schaffen wollen, sind das Strategien, die mit großer Wahrscheinlichkeit in die falsche Richtung führen. Wenn ein Krippenplatz den Steuerzahler etwa 1.200 Euro kostet, sind viele Mütter bereit, sich für diesen Betrag selbst um ihr Kind zu kümmern.

Ganztagsbetreuung für Kinder unter drei Jahren?

Das Bundesfamilienministerium will die Betreuung für Kinder unter drei Jahren massiv ausbauen und Milliarden Euro für dieses groß angelegte Projekt zur Verfügung stellen.

Die bereits zitierte Kinderpsychotherapeutin Christa Meves ist strikt dagegen. Ihrer Ansicht nach sind die Nachteile für die Kinder größer als die beschriebenen Vorteile. Den Politikern, aber auch dem Präsidenten des Diakonischen Werkes der evangelischen Landes- und Freikirchen, der nur positive Aspekte findet, geht es darum, dreijährige Kinder schon in die Ganztagsbetreuung zu geben. Er fordert,

- „dass Erziehung und Beruf zum Wohle des Kindes miteinander vereinbar sein sollten;
- dass Väter und Mütter das Wahlrecht haben, in welcher Form sie für ihre Kinder da sein wollen;
- dass 80 % der Frauen, die berufliche Abschlüsse haben, auch die Möglichkeit zur Berufsausübung haben müssen;
- dass Frauen ohne schlechtes Gewissen gegenüber ihren Kindern ihren Beruf ausüben dürfen;
- dass für Kinder mehr Ganztagsangebote geschaffen werden müssen;
- dass für Kinder Hausaufgabenhilfen organisiert werden." [7]

Kritisch äußert sich zur Ganztagsbetreuung von Kindern unter drei Jahren die Vorsitzende einer Lebensrechts-Organisation als Fachfrau. Sie schreibt,

- dass die ersten drei Jahre im Leben eines Menschen äußerst wichtig seien, weil in ihnen die Grunderfahrung für Geborgenheit und Geliebtsein gelegt werde;
- dass in den ersten drei Jahren besonders die Mutter als gleichbleibende Bezugsperson dringend erwünscht sei;
- dass sie eine Kollektivfürsorge für ungenügend halte und die kleinen Kinder unter der Trennung von der Mutter leiden;
- dass die kurze Zeit am Abend, die Müttern mit Kindern bleibt, zu kurz sei, um das Defizit im Leben aufzuholen;
- dass es falsch sei, die Ganztagsbetreuung für Kinder unter drei Jahren aus rein wirtschaftlichen Gesichtspunkten zu fordern;
- dass es besser sei, Frauen ein „Müttergehalt" zu zahlen, statt das Geld in Ganztagseinrichtungen zu stecken.

Stirbt Deutschland aus?

Anfang des 19. Jahrhunderts gehörten zur Großfamilie drei Generationen

- die Großeltern,
- die Eltern,
- die Kinder,
- dazu Knechte und Mägde.

Alle wohnten zusammen und teilten gemeinsam das Leben. Alle standen füreinander ein. Und heute?

Wir sprechen von der Kleinfamilie, die mit durchschnittlich 1,4 bis 1,5 Kindern ernsthafte Probleme hat,

- Beziehungen zu pflegen,
- Zeit füreinander zu haben,
- mit steigendem Stress fertig zu werden.

Seit Jahrzehnten reden wir von der „vaterlosen Gesellschaft". Daraus ist in den letzten Jahren offensichtlich auch eine „mutterlose Gesellschaft" geworden. Und das Resultat heute ist eine „kinderlose Gesellschaft". Vorausgegangen ist die Frauenemanzipation und damit verbunden eine Diskriminierung der Hausfrauen. Die Politik der letzten Jahrzehnte hat in erheblichem Maße dazu beigetragen. Die Hausfrau als Beruf ist der Lächerlichkeit preisgegeben.

- Wir brauchen dringend eine „Emanzipation der Familien",
- wir brauchen dringend eine Aufwertung der Familie,
- wir brauchen dringend ein kirchliches und gesellschaftliches Umdenken, was die Familie im Schöpfungsplan Gottes betrifft.

Was sagt die Statistik?

Eine bundesweit angelegte Studie des Allensbacher Institutes kommt zu dem Ergebnis:

- Fast die Hälfte der Kinderlosen gibt die hohen Kosten der Kleinen als Grund für ihren Verzicht auf Kinder an;
- unter den 18- bis 44-Jährigen ist das Gefühl vorherrschend, den Anforderungen als Vater und Mutter nicht gewachsen zu sein;
- 28 % der Befragten fehlt es schlicht an einem geeigneten Partner zur Familiengründung;
- 27 % der Befragten möchten „möglichst viel Freiraum haben", möchten sich nicht einschränken müssen;
- 26 % wollen „möglichst unabhängig sein";
- 20 % haben Angst, weniger Zeit für die Familie zu haben;
- mit 30 % liegt bei Akademikerinnen der Anteil der Kinderlosen in Deutschland am höchsten.

Anfang der 90er-Jahre wollten nur 10 % der Frauen im Alter zwischen 20 und 39 Jahren keine Kinder. Im Jahr 2003 sind es schon 15 % geworden. Noch dramatischer fällt die Entwicklung bei jungen Männern aus. Die Zahl der Verweigerer hat sich von 12 % auf 26 % mehr als verdoppelt.[8]

Die Kinderfrage ist eine Beziehungsfrage

Das Paar entscheidet, ob es Kinder will. Ist allerdings die Beziehung der Partner gefährdet, ist das Kinderkriegen gefährdet. Die Beziehungsunfähigkeit junger Paare ist aber erschreckend, das zeigen die Scheidungszahlen und das zeigt die Eheberatungspraxis. Viele haben in ihren Ursprungsfamilien Liebes-, Beziehungs- und Partnerschaftsfähigkeit nicht gelernt. Die Erwartungen an gegengeschlechtliche Freundschaften und an feste und tragfähige Beziehungen sind enorm hoch. Die Glückserwartungen sind unrealistisch. Die Sehnsucht nach idealen Partnerbeziehungen ist utopisch. Liebes- und Konfliktfähigkeit sind nur in eingeschränktem Maß vorhanden. Viele haben nicht gelernt,

- unterschiedliche Wünsche und Bedürfnisse aufeinander abzustimmen,
- Konflikte durch faires Streiten zu lösen,
- unterschiedliche Temperamente und Persönlichkeitsstrukturen als fruchtbare Ergänzung zu leben. Wie wollen zwei Menschen ernstlich sich auf Kinder freuen und eine Familie gründen, die nicht in der Lage sind, liebevoll und sich verstehend miteinander umzugehen?

Die repräsentative Umfrage widerlegt eindeutig Vorstellungen,

- dass in erster Linie der Ausbau von Krippen und Kindergärten einen Babyboom auslösen würden,
- dass Ganztagsschulen die Reproduktionsrate der Bevölkerung ankurbeln könnten,
- dass größere Wohnungen dem Babymangel abhelfen könnten.

Auch die hohe Scheidungsrate spricht gegen Kinder. Wenn jede dritte Ehe wieder geschieden wird, in Großstädten nahezu jede zweite, dann wollen Eltern nicht, dass Kinder die Leidtragenden werden. Aber die Kinder sind immer die Leidtragenden. Als Scheidungswaisen sind sie belastet. Ihr Scheidungsrisiko, wenn sie erwachsen sind, liegt zweieinhalbmal höher als beim Durchschnitt der Bevölkerung.

In der Zeitschrift STERN lese ich:

„Mit 8,7 Geburten auf tausend Einwohner hat Deutschland neben Slowenien die niedrigste Geburtenrate der Europäischen Union und liegt in einem Weltvergleich zwischen 190 Staaten auf Platz 185. Unablässig sinkt die Zahl der Kinder, die jährlich in der Bundesrepublik zur Welt gebracht werden (...) Schon im Jahre 2035 werden die Deutschen das Volk mit dem höchsten Durchschnittsalter weltweit sein; jeder Berufstätige muss dann für einen Ruheständler aufkommen. (...) Das Deutschland von morgen wird ein Land der leeren Häuser sein, bewohnt von Greisen ohne Enkeln, mit verlassenen Dörfern, verödeten Vierteln, vereinsamten Spielplätzen, verfallenen Schwimmbädern und stillgelegten Bahngleisen.“ [9]

Ein Horrorszenarium. Was dem Westen noch bevorsteht, hat der Osten schon hinter sich. Dort brach nach der Wende die Fruchtbarkeitsrate von 1,6 Kindern pro Frau auf 0,77 Kinder pro Frau ein – die niedrigste Rate, die weltweit je gemessen wurde.

Solange viele Eltern erzieherisch überfordert sind, und es jeden Tag bei sich und bei Freunden und Bekannten erleben, wird der Mut zu weiteren Kindern gering bleiben. Das ist *einer* der Gründe für das ständige Absinken der Kinderzahl.

Die Gesellschaft fragt stärker nach Werten

Bedeutende Zeitschriften und Magazine in Deutschland bestätigen, dass die Frage nach Werten immer lauter gestellt wird.

- Welche Werte bestimmen unser Leben?

- Welche Werte sind lebensnotwendig?
- Welche Werte haben die höchste Priorität?

So haben auch die Pharisäer Jesus gefragt: „ Welches ist das größte und wichtigste Gebot?" Jesus setzte klare Prioritäten mit dem Doppelgebot der Liebe: Gott über alles und unsern Nächsten wie uns selbst.

Drei Beziehungsebenen sind wichtig:

- Die Beziehung zum lebendigen Gott,
- die Beziehung zum Nächsten,
- die Beziehung zu uns selbst.

Seit dem Sündenfall sind genau diese drei Beziehungen gestört.

- Die Beziehung zum lebendigen Gott hat einen gewaltigen Knacks bekommen.
  - Die ersten Menschen versteckten sich.
  - Die ersten Menschen fürchteten sich.
  - Die ersten Menschen reagierten mit einem schlechten Gewissen.
- Die Beziehungen zueinander sind gestört – bis heute.
  - Sie schämen sich voreinander.
  - Sie beschuldigen sich gegenseitig.
- Die Beziehungen zu sich selbst sind gestört. Die Menschen leiden an sich.
  - Sie reagieren mit Selbstwertstörungen.
  - Sie reagieren mit Schuld und Schuldgefühlen.
  - Sie reagieren mit Minderwertigkeitsgefühlen.

Und in allen Beziehungen des Lebens, von der Wiege bis zur Bahre

- geht es um Werte,
- geht es um ethische Maßstäbe,

- geht es um Recht und Unrecht,
- geht es um Erlaubt und Nicht-erlaubt,
- geht es um Verbote und Gebote.

Werte werden in unserer Gesellschaft – und nicht nur in konservativen christlichen Kreisen – plötzlich wieder großgeschrieben. Das spiegelt sich auch in den Überschriften der beiden großen deutschen Meinungsmagazine FOCUS und SPIEGEL:

„Die ratlose Gesellschaft, die Rückkehr der Tugenden" (FOCUS). Und im SPIEGEL prangt auf der Titelseite das Bild einer Biedermeier-Familie mit dem Titel: „Die neuen Werte: Ordnung, Höflichkeit, Disziplin, Familie."

Seitenlange Artikel werden geschrieben, und zwar ohne Ironie und Häme. Die Rückkehr der Tugenden wird auch in Peter Hahnes Bestseller „Schluss mit lustig" deutlich. Unterthema: Das Ende der Spaßgesellschaft. Sein Buch steht bereits seit Jahren auf den Bestsellerlisten namhafter Zeitungen.

Ein weiteres Beispiel mag die Wiederentdeckung von Werten verdeutlichen. In Hannover 2003 und in Nürnberg 2005 fanden gut besuchte Kongresse für christliche Führungskräfte statt. Das Thema der Kongresse: Mit Werten in Führung gehen. Die Veranstalter zählten über 2.500 ständige Teilnehmer. Wissenschaft und Industrie haben erkannt, dass Handel und Wandel, Kaufen und Verkaufen mehr mit Moral zu tun haben, als bisher allgemein angenommen wurde.

Ein letztes Beispiel soll den offensichtlichen Wertewandel dokumentieren. Der Tod des letzten Papstes hat weltweit Millionen von Menschen berührt. Fernsehen und Printmedien haben dem Leben und Sterben des Papstes einen breiten Raum eingeräumt. Die großen Zeitungen und namhaften

Magazine hätten geschwiegen, wenn nicht ungezählte Menschen ihren Hunger nach Vorbildern und eindeutigen Maßstäben demonstriert hätten. Das zeigt:

- Millionen von Menschen sind orientierungslos,
- Millionen von Menschen hungern nach Leitbildern,
- Millionen von Menschen suchen Antwort auf existenzielle Fragen.

Selbst die Beerdigung des Papstes wurde von Millionen Pilgern wahrgenommen, die sich nach Rom auf den Weg machten. Eine solche Ehrerbietung ist in der Weltgeschichte einmalig. Es geht dabei nicht in erster Linie um die moralische Kraft der Katholischen Kirche, sondern um Vorzeigepersönlichkeiten, die weltweit

- einen klaren Kurs bestimmen,
- verbindliche Regeln aufstellen und leben,
- vorbildhaft in dieser zerrütteten Welt Farbe bekennen.

Die Wahl des neuen Papstes, Benedict XVI. ist zudem ein Zeichen dafür, dass dieser Trend seine Fortsetzung findet. Viele Wünsche nach einem liberalen Papst haben sich nicht erfüllt. Ein Trend zum Konservativen zeichnet sich ab. Der Modernismus und der Zeitgeist werden in ihre Grenzen verwiesen.

Die Trendforscher sind übereinstimmend der Meinung, dass ein „Kampf der Werte“ stattgefunden hat, und dass Ethik und Moral die zentralen Themen des 21. Jahrhunderts sein werden.

Wie Christen erziehen

Die Familie ist der Platz, wo die wesentlichen Dinge fürs Leben gelernt werden. Zähne putzen, Ordnung halten, Pünktlichkeit und richtig sprechen lernen sind die eine Seite. Und die andere?

Dabei geht es um

- gesellschaftliche Werte,
- Disziplin,
- Autorität,
- Ehrfurcht vor Gott,
- Nächstenliebe,
- Treue, Ehrlichkeit und Wahrhaftigkeit.

Wilhelm Faix, Dozent am Theologischen Seminar Adelshofen, hat fünf Gründe formuliert, warum Erziehung aus christlicher Verantwortung notwendig ist:[10]

1. Kinder brauchen Eltern

Gott hat den Menschen als soziales Wesen geschaffen. Ein Kind muss nicht nur laufen und sprechen lernen, sondern auch einfühlsames Verhalten einüben. Die Kinder schauen sich das Leben von den Eltern ab. Ihr Vorbild ist prägend für ihr Dasein. Wie schrieb der Apostel Paulus? „Schließlich sollen nicht die Kinder für ihre Eltern sorgen, sondern die Eltern für ihre Kinder." (2. Kor. 12, 14b)

2. Kinder brauchen ein Zuhause

Gott hat die Familie als Keimzelle des gesellschaftlichen Lebens geschaffen. Gott will Väter und Mütter, die ein frohes, freies und gemütliches Heim schaffen, in dem Kinder sich wohlfühlen und zufrieden aufwachsen. In der Familie finden Kinder Schutz und Geborgenheit. Hier erfahren sie ihre Grenzen. Es gibt keinen Ersatz für die Familie. Paulus schreibt dem Timotheus: „Es muss ein guter Familienvater sein und Kinder haben, die ihn achten und ihm gehorchen. Denn wenn jemand seine eigene Familie nicht zu leiten versteht, wie kann er dann die Sorge für die Gemeinde Gottes übernehmen?" (1. Tim. 3, 4-5)

3. Kinder brauchen Erziehung

Die Zeit der antiautoritären Erziehung ist vorbei. Väter und Mütter müssen es wieder lernen, Autoritäten zu sein. Ein Kind sucht, braucht und will Eltern, die Autorität ausstrahlen. Viele Eltern verwechseln aber Autorität mit Macht, Strenge, Gewalt und Strafe. Doch nur, wo Autorität positiv gelebt wird, lernt das Kind Gehorsam, Einordnung und Grenzen zu respektieren.

„Ihr Kinder gehorcht euren Eltern und bezeugt dadurch eine Unterordnung unter den Herrn. So ist es recht und billig. (...) Ihr Eltern, behandelt eure Kinder nicht so, dass sie widerspenstig werden! Erzieht sie mit Wort und Tat nach den Maßstäben, die der Herr gesetzt hat." (Eph. 6, 1.4)

4. Kinder brauchen Werte

Die Familie ist der beste Ort, wo Werte vermittelt werden können. Allerdings müssen Eltern wissen, dass Werte nicht in erster Linie durch Worte, sondern durch das Leben vermittelt werden. Diese Lebensgestaltung geschieht aus dem Glauben an den lebendigen Gott. Gebote werden vorgelebt, nicht gepredigt. Paulus formuliert es im 1. Thessalonicherbrief so:

„Ihr wisst: Wir waren zu jedem Einzelnen von euch wie ein Vater zu seinen Kindern. Wir haben euch ermutigt und angespornt, ja, wir haben euch beschworen, so zu leben, dass ihr Gott Ehre macht." (1. Thess. 2, 11-12)

5. Kinder steigern die Lebensqualität

Dem Gerede, dass Kinder die Lebensqualität mindern, sollten Christen entschieden entgegentreten. Die Botschaft der Bibel lautet: Kinder sind ein Geschenk und ein Segen

Gottes. Wo aber der Segen Gottes ist, da ist Steigerung der Lebensqualität. Allerdings gibt es kein Leben ohne Opfer, Einsatz und Einschränkung.

Insgesamt:

- Die Familie ist ein *Übungsfeld* fürs Leben.
- Die Familie ist eine *Werkstatt*, in der Christen untereinander biblische Maßstäbe eintrainieren.
- Die Familie ist eine *Baustelle*, wo gebaut, gearbeitet, ausprobiert und gelernt wird, füreinander und miteinander Verantwortung zu übernehmen.

Allen Unkenrufen zum Trotz, die Familie bleibt die Keimzelle für Kirche und Gesellschaft. „Die Familie ist kein Auslaufmodell!" Das hat jüngst das Allensbacher Institut für Demoskopie bestätigt.

Kapitel 2

Haupterziehungsfehler: Verwöhnung

Ein ernsthaftes Hindernis für die Entwicklung eines Kindes ist die elterliche Verwöhnung. Sie geschieht auf unterschiedliche Weise. Im Hintergrund finden sich unterschiedliche Erziehungsfehler der Verantwortlichen. Schauen wir uns die Verwöhnung in all ihren Facetten an.

Eltern, die zur Verwöhnung neigen

Es gibt mindestens vier Gruppen von Eltern, die ein ausgesprochenes Bedürfnis entwickeln, ihre Kinder zu verwöhnen. Welche Eltern neigen besonders dazu?

1. Benachteiligte Eltern

Sie sind in der Kindheit selbst *benachteiligt* worden. Typische Sätze solcher Eltern lauten: „Ich weiß, was ich alles entbehren musste. Mein Kind soll es einmal besser haben." Die Eltern verwöhnen ihre Kinder und merken nicht, dass sie sich dadurch ihre eigenen kindlichen Wünsche erfüllen. Das Kind wird mit teuren Spielsachen überhäuft, bekommt Auslandsreisen geschenkt, und die teuersten Privatschulen sind gerade gut genug.

2. Wohlhabende Eltern

Es sind Eltern, die es *sich leisten können*, für das Kind alles herbeizuschaffen, was das Herz sich ausdenken kann. Die materielle Verwöhnung produziert einen Lebensstil, der es *nicht nötig hat*, *selbst* aktiv zu werden, *selbst* das Heft in die Hand zu nehmen, *selbst* zu planen und zu arbeiten, *selbst* Kontakte zu schaffen und Initiative zu ergreifen.

3. Eltern mit Schuldgefühlen

Es sind Eltern, die wegen ihrer Ehe, wegen ihrer Vergangenheit, wegen einer Scheidung oder wegen einer vorübergehenden Vernachlässigung der Kinder doppelte Schuld empfinden und deshalb glauben, alles wieder gutmachen zu müssen. Sie beruhigen ihr schlechtes Gewissen. Sie betäuben ihre Schuldgefühle durch übertriebene Verwöhnung. Die Schuldgefühle sind zudem oft noch eingebildet oder grundlos. Sie sind aber fest davon überzeugt, dass sie etwas gutmachen müssen.

4. Bemutternde Eltern

Sie haben ein übertriebenes Bedürfnis zu verwöhnen, zu bemuttern und Zuwendung zu geben. Sie *fühlen sich bestätigt*, wenn sie gebraucht werden. Eltern und Kinder spielen perfekt zusammen. Die Kinder lassen sich gehen, sie werden passiv, hilflos und kränklich und geben auf diese Weise den Eltern die Gelegenheit, ihre Bemutterungszüge ausleben zu können. Eltern und Kinder spielen sich so in die Hände, sie brauchen und benutzen sich gegenseitig. Der Jugendliche wird *nicht mündig und unabhängig*.

Was sich der Verwöhnte von der Ehe erträumt

Wenn Ehe eine *Aufgabe für zwei* bedeutet, ist der Verwöhnte in einer Ehe fehl am Platz. In der Ehe mit einem Verwöhnten sind die Konflikte vorprogrammiert. Der Verwöhnte will Anerkennung und Zärtlichkeit. Gelingt es dem Partner nicht, seine Wünsche zu erfüllen, ist er verärgert und enttäuscht. Er beklagt sich, wirft dem Partner Lieblosigkeit und Unfähigkeit vor und findet ihn womöglich ermüdend.

Der amerikanische Psychiater W. Hugh Missildine hat einfühlsam die Haltung des Verwöhnten beschrieben. In seinem Buch „In dir lebt das Kind, das du warst" heißt es:

„Wir haben gesehen, dass Verwöhnung in der Kindheit im Individuum eine passive Erwartungshaltung erzeugt: Die anderen sollen es liebevoll mit allem versorgen, und es selbst muss nichts tun, um sich diesen Segen von Zuneigung, Geschenken und Dienstleistungen zu sichern. Diese Haltung verursacht, wenn sie im Erwachsenenalter immer noch wirksam ist, in der Ehe und in sexuellen Beziehungen große Angst, Einsamkeit und Unglück. Die Folge dieser Haltung sind oft Ehelosigkeit und ein fehlendes Sexualleben.

Ein Mann zum Beispiel, der in seiner Kindheit zu sehr verwöhnt worden war, ergriff immer die Flucht, wenn es offenbar wurde, dass seine augenblickliche Freundin ‚mehr erwartete als bloß eine gemeinsame Nacht', um ihn zu zitieren. Er sehnte sich verzweifelt nach Liebe, aber er brachte es immer nur so weit, sich mit einem Mädchen zu verabreden. *Sie* musste ihn anrufen, *sie* musste sogar arrangieren, wohin sie beide gehen würden. Wenn das Mädchen sexuell die Initiative ergriff, ließ er es sich gefallen und verzog sich anschließend. (...) Das verwöhnte Kind erwartet in einer Liebesbeziehung die gleiche unbegrenzte Liebeszuwendung, all die Gegenstände und Dinge, die es von seinen Eltern erhalten hatte. Vor allem in dieser Beziehung erwartet es, dass sein Partner ‚seine Gedanken lesen kann'." [1]

Der Verwöhnte ist später ein ausgemachter *Eheparasit*. Geben und nehmen, schenken und beschenkt werden sind für ihn eine Form von Unordnung. Die Regel ist für ihn, dass seine Erwartungen und Wünsche erfüllt werden. Er erwartet, dass auch der Ehepartner mit gleicher Inbrunst und

Liebe wie früher die verwöhnende Mutter alles zum Gelingen der Beziehung beisteuert. Solche Beziehungen haben keine Zukunft. Sie dauern vielleicht einige Jahre und brechen dann auseinander. Der Verwöhnte hat Schlaraffenland-Erwartungen, die kein Mensch erfüllen kann.

Schauen wir uns im Folgenden konkrete Erziehungsmängel an, die Verwöhnung hervorrufen und verstärken.

Fehler Nr. 1: Eltern geben nach

Eltern und Erzieher, die Streit mit den Kindern vermeiden wollen, geben nach. Nachgiebigkeit ist Schwäche. Nachgiebigkeit macht das Kind durchsetzungsstark. Es streitet mit den Eltern und gewinnt. Nachgiebigkeit verleitet das Kind, seine Wünsche und Forderungen zu erhöhen. Durch Nachgiebigkeit machen die Eltern das Kind unselbstständig und erziehen es zum Befehlsempfänger, der alle Verantwortung auf andere abschiebt. Solche Nachgiebigkeit wiederum kann dadurch hervorgerufen werden, dass :

- die Mutter um die Liebe des Kindes buhlt,
- die Mutter das Kind gefügig machen und im Schlepptau behalten will.

Vater oder Mutter, die zu nachgiebig sind, müssen sich fragen:

- Was sind unsere innersten Motive, die uns zur Nachgiebigkeit verleiten?
- Haben wir Angst vor den Kindern, dass sie uns nicht mehr leiden können?
- Mögen wir uns selbst nicht leiden?
- Empfinden wir Minderwertigkeitsgefühle?
- Ist unsere Ehe gefährdet? Buhlen wir um unsere Kinder?

Wer nachgibt, der resigniert, wird wütend, tobt und kämpft auf vielerlei Weise. Eltern fühlen sich ausgenutzt und betrogen. Sie reagieren wütend, weil das Kind sich schamlos durchsetzt.

Merke: Die durchdachte Nachgiebigkeit ist eine Wohltat für alle Beteiligten. Die Nachgiebigkeit aus Schwäche ist ein schwerer Erziehungsfehler. Streite ich mit den Kindern, verletzte ich ihre Würde. Gebe ich nach, verletze ich meine eigene Würde.

Fehler Nr. 2: Jüngste Kinder werden oft in Watte gepackt

Der Abstand zwischen dem Jüngsten und seinen älteren Geschwistern beträgt häufig mehr als fünf Jahre. Jüngste Kinder sind häufig

- charmant,
- babyhaft,
- verspielt,
- abhängig,
- leichtlebig,
- empfindlich,
- bevorzugt,
- verantwortungsscheu.

Vater oder Mutter oder alle beide sind beglückt, noch einmal ein Baby zu haben.

- Das jüngste Kind wird übermäßig beschützt,
- es wird in Watte gepackt,
- es lernt nicht, Barrieren selbst zu überwinden,
- ihm werden Schwierigkeiten aus dem Weg geräumt.

Jüngste Kinder verstehen es, sich beliebt zu machen. Ihnen gelingt es, sich bei Großeltern und Lehrern einzuschmeicheln. Sie versuchen, den Lehrer in die Rolle des verwöhnenden

Elternteils hineinzudrängen. Da jüngste Kinder leicht in die Abhängigkeit geraten, klammern sie. Nicht wenige verhalten sich ihr Leben lang wie „Babys“, die verwöhnt und betreut werden wollen. Mütter, die ihre Kinder „besonders süß“ finden, stehen in der Gefahr, von diesen Jüngsten tyrannisiert zu werden. Die lieben Kleinen nutzen das aus und werden zu Antreibern.

Merke: Wenn Sie eine besondere Vorliebe für Kleinkinder haben, stehen Sie in der Gefahr, das Jüngste zu verwöhnen.

Fehler Nr. 3: Einzelkinder werden oft verwöhnt

Es ist kein Widerspruch, dass neueste Studien beweisen, dass Einzelkinder

- durch ausgeprägte soziale Kompetenz auffallen,
- sich team- und kompromissfähig zeigen,
- enge und gute Freundschaften pflegen können,
- flexibler und selbstständiger agieren.

Und doch werden Einzelkinder häufig verwöhnt, weil beide Eltern beruflich engagiert sind. Viele Eltern sind Akademiker, die es sich erlauben können, vor allem materielle Dinge dem Kind zukommen zu lassen. Auch Großeltern und Verwandte, die es lediglich mit *einem* Kind zu tun haben, schenken häufig

- mehr Beachtung,
- mehr Aufmerksamkeit,
- mehr Nachsicht,
- mehr Nachgiebigkeit und
- mehr Verwöhnung.

Verwöhnung kann zur Unselbstständigkeit führen. Das Kind benutzt seine Schwäche geschickt, um Erwachsene – Mutter,

Großeltern und andere – als Dienstboten zu benutzen. Solange ihm das gelingt, wird es keinen Grund sehen, seine Abhängigkeit aufzugeben. Auch später im Leben wird es diese Gepflogenheit beibehalten, den Partner oder die Partnerin wiederum als Dienstboten zu betrachten. Dieses Verhaltensmuster ist so tief eingeprägt, dass es schwer fällt, es zu ändern.

Merke: Überprüfen und vergleichen Sie Ihre Erziehungspraktiken mit Eltern, die mehrere Kinder haben. Zeigt Ihr Kind große Ansprüche? Sind Sie als Eltern oft über die Erwartungen Ihres einzigen Kindes empört?

Fehler Nr. 4: Wenn die Abnabelung nicht geklappt hat

Die Abnabelung des Kindes von den Eltern ist für die spätere Liebes- und Partnerschaftsfähigkeit ein wichtiger Schritt. Kinder und Jugendliche müssen frei werden von

- elterlicher *Bevormundung*,
- elterlicher *Beschützung*,
- elterlicher *Führung*,
- elterlicher *Beeinflussung* und
- elterlicher *Verwöhnung*.

Schon auf den ersten Blättern der Bibel wird klar und unmissverständlich ausgedrückt, was Gott dem potenziellen Ehepartner zumutet:

„Also wird ein Mensch Vater und Mutter verlassen und mit seiner Frau verbunden sein, und die beiden werden ein Fleisch sein." (1. Mose 2, 24)

Vater und Mutter zu verlassen, ist ein Gebot und gehört zur Schöpfungsordnung Gottes. Bevormundung, Beschützung und Verwöhnung müssen ein Ende haben.

Eltern sind Modelle, die gefragt, hinterfragt, imitiert und getestet werden können. Vorbilder und Leitbilder sind Orientierungshilfen im Selbstfindungsprozess. Vorbilder drängen sich nicht auf, kämpfen nicht verbal oder mit Erpressung um ihre Geltung. Vorbilder halten den Heranwachsenden nicht klein und entmündigen ihn nicht durch Überbeschützung und Lenkung. Vorbildhafte Eltern sind ein faires Angebot für Vertrauen und Gleichwertigkeit. Sie stehen dem Heranwachsenden zur Seite, können aber auch zurücktreten, wenn der Jugendliche Distanz braucht. Diese unaufdringliche Begleitung fördert die Reife, die Selbstständigkeit und eine Ablösung ohne hässliche Komplikationen.

Welche Faktoren sind es, die die Abnabelung erleichtern und den Eltern und den Heranwachsenden gegenseitiges Leid und Schmerzen ersparen?

Es handelt sich um Faktoren, die Selbstverantwortung und Selbstfindung fördern, und dazu gehören in der Familie das Gefühl für Zusammengehörigkeit, das Gefühl für Gleichwertigkeit, Kooperation und Verantwortlichkeit. Jedes Kind muss sich zugehörig fühlen. Ein Kind, das das Gefühl hat, draußen zu stehen, ist unglücklich. Erfahrene Psychotherapeuten bestätigen, dass nahezu *alle* seelischen Schwierigkeiten, Verhaltensstörungen, Kontaktstörungen und Partnerschaftsstörungen auf einen Mangel an Zusammengehörigkeitsgefühl zurückzuführen sind. Zusammenarbeit ist in der Familie notwendig. Wer Zusammenarbeit in der Familie nicht kennengelernt und eintrainiert hat, kann in seiner späteren Ehe daran scheitern. Ehe und Partnerschaft sind ohne konstruktives Zusammenspiel nicht denkbar. Ehe und Partnerschaft sind Lebensbeziehungen, die ein verantwortliches Kooperieren voraussetzen. Geben und nehmen, schenken und beschenkt werden, helfen und sich helfen lassen, beglücken und beglückt werden, müssen ausgewogen und aufeinander abgestimmt sein. Die Familie ist der Ort der *Einübung*.

Merke: Erziehen Sie Ihre Kinder zur Selbstständigkeit und Selbstverantwortung? Oder sind Sie glücklich, dass Ihre Kinder noch im *Hotel Mama* bleiben wollen?

Fehler Nr. 5: Belohnen Sie nicht jede Mithilfe!

Eltern und Erzieher wurden in der Vergangenheit von Pädagogen und Psychologen belehrt, für jede aktive Mithilfe Lob und Belohnung auszusprechen.

- Lob und Belohnung erfreuen jedes Kind.
- Lob und Belohnung spornen an.
- Lob und Belohnung fördern die Kooperationsgemeinschaft.

Aber: „Entscheidend ist die richtige Dosis Anerkennung. Hört ein Dreijähriges nach jedem Handgriff: ‚Vielen Dank, das hast Du aber schön gemacht!', wird es ohne die Verstärkung bald nichts mehr tun. Geht der Siebenjährige am Samstag Brötchen holen, hat er sich zwar Lob verdient, aber nicht einen Lutscher extra. Kinder brauchen keine Bestechungstricks. Sie wollen von sich aus mithelfen und ihren Beitrag zum Familienleben leisten. Sind Kinder dagegen von klein auf daran gewöhnt, für jede Hilfsbereitschaft belohnt zu werden, beginnen sie bald, nach dieser Belohnung zu schielen." [2]

Diese klare Aussage, wie sie in neuen Erziehungsratgebern formuliert wird, sollten Eltern und Erzieher hören. Belohnungen sind nicht grundsätzlich falsch. Aber bei selbstverständlichen kleinen Diensten sind sie überflüssig.

Merke: Ermutigung, Lob und Belohnung erfreuen jedes Kind. Aber Sie müssen selbstverständliche Dienstleistungen nicht belohnen. Danken Ihre Kinder Ihnen ständig für alle Dienste, die Sie kommentarlos verrichten?

Fehler Nr. 6: Verwöhnung verhindert das Erwachsenwerden

Ulrich Schaffer lebt als freier Schriftsteller und Fotograf in Kanada. In einem Buch beschreibt er das Erwachsenwerden und meint:

„Vielleicht ist alles Erwachsenwerden nur ein Loslassen der Verwöhnung. Wir müssen die Irrwege entlarven, in denen wir uns nicht lösen wollen von unserer Kindheit und einer kindlichen Vorstellung von der Welt. Verwöhnung ist Verschleppung: etwas, was gut war, wird unpassend und hält uns zurück. Jemand muss immer für uns da sein. Man muss uns unsere Wünsche von den Augen ablesen, sonst gibt es einen Trotzanfall. Die Verwöhnung von Erwachsenen ist ein Trotzanfall auf Jahre, vielleicht auf ein ganzes Leben verteilt.“ [3]

Ulrich Schaffer hat so treffsicher die Verwöhnung beschrieben, dass es sich lohnt, einige Aspekte noch einmal hervorzuheben:

- Erwachsenwerden beinhaltet in der Tat ein Loslassen der Verwöhnung,
- Verwöhnung ist ein Irrweg unserer kindlichen Vorstellung von der Welt,
- Verwöhnung lebt von der Einbildung, jemand müsse immer nur für uns da sein,
- Verwöhnung spiegelt das falsche Denken wider, jemand müsse uns unsere Wünsche von den Augen ablesen,

- Verwöhnung erzieht zum Trotz, zur Rebellion und zum Widerstand, wenn der Mensch nicht seinen Willen bekommt,
- Verwöhnung kann einen Menschen bis ins Erwachsenenalter kennzeichnen.

Merke: Wer die Verwöhnung aufgeben kann, lässt aus Kindern reife Erwachsene werden. Verwöhnung verstärkt kindliche Verhaltensmuster.

Fehler Nr. 7: Wer Kinder verwöhnt, misshandelt sie

Viele Eltern verwechseln Verwöhnung mit Liebe.

- „Unsere Kinder sollen es einmal besser haben."
- „Unsere Kinder sollen nichts entbehren."
- „Wenn wir unsere Kinder ein bisschen verwöhnen, sind sie zufrieden."

Das Gegenteil ist wahr.

- Wer verwöhnt, erzieht *Egoisten.*
- Wer verwöhnt, erzieht *Rebellen.*
- Wer verwöhnt, erzieht *eigenwillige Trotzköpfe.*
- Wer verwöhnt, erzieht *Tyrannen.*

Eltern und Erzieher fördern ein destruktives Machtstreben. Ein verwöhntes Kind will haben, ein verwöhntes Kind will sich durchsetzen, es missachtet die anderen und denkt in erster Linie *an sich.* Wer verwöhnt, tut dem Kind einen Bärendienst. Verwöhnung ist unverstandene Lieblosigkeit. „Verwöhnung ist Kindesmisshandlung!", so hat es ein amerikanischer Kindertherapeut ausgedrückt. Der Therapeut hat in sofern recht, dass Eltern den verwöhnten Kindern für ihr weiteres Leben Steine in den Weg legen. Die Heranwachsenden und späteren Erwachsenen handeln ichsüchtig und gemeinschaftsfeindlich. Sie können und wollen sich nicht einordnen. Verwöhnte haben gelernt, sich tyrannisch durchzusetzen.

Merke: Verwöhnung erzieht Egoisten und Tyrannen. Verwöhnung ist eine Kindesmisshandlung.

Fehler Nr. 8: Eltern sind gute Freunde für die Kinder

Nein. Eltern sind nicht in erster Linie Freunde der Kinder. Kinder wollen auch keine Kumpel-Eltern. Sie wollen starke Mütter und Väter, die

.... beschützen,

.... Weitsicht zeigen,

.... klare Werte leben,

.... Auseinandersetzungen nicht scheuen,

.... Autorität besitzen.

Das Verhältnis von Eltern und Kindern hat sich im Laufe des 20. Jahrhunderts grundlegend verändert. Während in der ersten Hälfte des Jahrhunderts Mütter und Väter ihre Kinder eher autoritär erzogen, schlug das Pendel in den Sechzigerjahren in die andere Richtung um. Eltern und Erzieher wurden angewiesen, *antiautoritär* zu erziehen. Kinder sollten ohne Zwang, ohne Druck, ohne Beschränkung zu selbstbestimmten Persönlichkeiten aufwachsen. Das hat Eltern und Erzieher bis heute verunsichert. Besonders Kinder, die in die Pubertät kommen, brauchen Eltern, die führen können und die Abnabelung, die mit zahlreichen Auseinandersetzungen verbunden ist, ermöglichen. Eine Freundschaft mit Eltern auf Augenhöhe behindert den Weg in die Selbstständigkeit

Merke: Eltern sind Wegweiser und Autoritäten für Kinder. Eltern dürfen keine „Kumpel“ für sie sein.

Fehler Nr. 9: Sie ziehen ein Kind vor

Viele Eltern behaupten, dass sie alle Kinder gleich erziehen. Das *möchten* sie gerne, aber den meisten gelingt es nicht. Warum ist das so?

- Sie haben als Vater oder Mutter mit einem Kind besondere Schwierigkeiten, weil es Muster zeigt, die Sie selbst kennzeichnen, und die Sie ärgern.
- Sie sind geschieden und haben jeden Tag den Sohn vor Augen, der genau die Züge des Vaters trägt, der sich aus dem Staube gemacht hat.
- Sie ziehen ungewollt ein Kind vor, weil Sie sich wunderbar mit ihm unterhalten können. Es versteht Sie und spielt zum Teil Partnerersatz.
- Sie sind sehr ehrgeizig und erleben bei einem Kind, dass es ungewöhnlich eifrig und ehrgeizig in der Schule mitarbeitet. Sie sind stolz auf das Kind, weil es Ihren Vorstellungen am meisten entspricht.
- Sie haben drei Kinder, einen Jungen und zwei Mädchen. Die Mädchen sind ruhig, unauffällig, anständig, angepasst und lieb. Aber der Junge macht Ihnen Schwierigkeiten, weil er trotzig und rebellisch seinen Weg gehen will. Nur zu leicht kann er zum „schwarzen Schaf" oder zum „Sündenbock" in der Familie werden.

Wer ein Kind vorzieht, verwöhnt es und ruft in der Regel den Widerstand, den Trotz oder die Eifersucht eines anderen Kindes auf den Plan. Wer gewollt oder – wie so oft – *ungewollt* ein Kind vorzieht, untergräbt den Familienfrieden. Die Gefühle der Zurücksetzung, Missgunst und Eifersucht spielen bei weiteren Geschwistern eine große Rolle.

Merke: Wichtig ist, dass Eltern sich die oft *versteckten Motive* des Vorziehens bewusst machen. Was Sie nicht klar erkannt haben, können Sie nicht ändern.

Fehler Nr. 10: Kranke oder behinderte Kinder werden verwöhnt

Bernd hat mit drei Jahren bei einem waghalsigen Spiel auf dem Bauernhof mit einem Mähdrescher einen Arm verloren. Sie kletterten darauf herum und der Arm des Kindes geriet in eine schwere rotierende Scheibe, die den Arm oberhalb des Ellenbogens abhackte. In der Folge

- wurde Bernd als mittleres Kind von den Geschwistern, Eltern und Großeltern verwöhnt,
- wurde Bernd überall geschont,
- wurden Bernd Arbeiten und Aufgaben von Erwachsenen abgenommen,
- erweckte Bernd Mitleid bei seiner Umwelt und eignete sich dies als Lebenseinstellung an.

Er hörte: *„Du kannst das nicht!“*
„Du musst das auch nicht tun!“
„Es gibt genügend andere, die das übernehmen können.“

Erst später, als er erwachsen wurde, spürten Eltern und Bernd selbst, dass er dem Leben nur ungenügend gewachsen war. Weder Bernds Eltern noch er selbst hatten es verstanden, seine Behinderung als Herausforderung zu verstehen und ihn entsprechend darauf vorzubereiten. Ihm gelang es nicht, die Arbeit und den Alltag selbstständig zu gestalten. Er hatte sich ganz auf Helfer und Unterstützer eingestellt, die seine Behinderung im Auge hatten.

Es ist bereits einige Jahre her, da hatte ich einen Vortrag in einem Behinderten-Kindergarten. Anschließend sagten mir einige Eltern, es sei ihnen wie Schuppen von den Augen gefallen, dass sie dazu neigten, die behinderten Kinder zu verwöhnen, statt sie zu fordern und zu fördern, um sie für den Lebensalltag zu trainieren. Mitleid ist häufig ein falscher Ratgeber. Erwachsene befriedigen ihr Gefühl für das „arme Kind", unterbinden dadurch aber die Stärkung seines Selbstbewusstseins, das es befähigen würde, sein Leben selbst zu meistern.

Merke: Besonders auffällige, kranke und behinderte Kinder benötigen eine Erziehung, die fördert und fordert und die auch schmerzhafte Zumutungen an das Kind stellt, um es lebenstüchtig zu machen.

Fehler Nr. 11: Falsches Mitleid verstärkt die Verwöhnung

Mitleiden können ist ein eminent wichtiges Verhalten. Mitleid ist gerechtfertigt. Mitleiden ist verständlich. Mitleid kann aber auch zu Verwöhnung führen und sich dadurch sehr negativ auf den Erziehungsprozess auswirken.

Vanessa ist zehn Jahre alt, hat keine Geschwister und ist übermäßig an Spielkameraden und Freundinnen interessiert. Als Einzelkind wird ihr von Mutter und Großeltern viel Zuwendung entgegengebracht. Vanessa versteht es auch, Mutter und Großeltern für sich einzuspannen. An einem Sonntag im Sommer hat sie Geburtstag. Sie will eine Reihe Kinder dazu einladen. Das Haus der Familie hat einen großen Garten, und Mutter und Großeltern haben versprochen, ihr ein entsprechendes Fest mit schönen Spielen, mit Geburtstagsessen und anderen Aufmerksamkeiten zu gestalten. Der

Großvater hat sich ins Zeug gelegt und eine Anlage gebaut, wo Vanessa mit allen Freundinnen, aber auch mit allen anderen Teilnehmern eine „Topf-abwerfen-Olympiade" durchführen kann.

Einen Tag vor dem Fest erleidet der Großvater einen Herzinfarkt und wird mit Blaulicht ins Krankenhaus gefahren, wo er sofort operiert wird. Alle bangen um das Leben des Großvaters. Mutter, Vater und Großmutter beratschlagen, was zu tun ist, und sie entschließen sich, die Geburtstagsfeier des Kindes zu vertagen.

Am Abend versucht die Mutter, der Tochter die Nachricht zu vermitteln. Vanessa ist empört und überhaupt nicht bereit, auf den Beschluss der Eltern und Großeltern einzugehen. Sie schimpft, stampft mit den Füßen, rennt schreiend durch die Wohnung und ist nicht zu beruhigen. Die Mutter ist hin- und hergerissen.

„Liebling, ich versuche, dich zu verstehen und kann nachempfinden, wie dir zumute ist. Ja, es ist eine bittere Enttäuschung, aber wir müssen die Geburtstagsfeier verschieben, denn Opa geht es sehr schlecht!"

Der Mutter fließen einige Tränen über das Gesicht. Sie nimmt die Tochter in den Arm und sagt:

„Es tut mir leid. Ich kann ja noch einmal mit Papa und Großmutter reden." Die Tochter sprudelt vor Freude, ist plötzlich wie verwandelt und wartet in ihrem Zimmer auf die gute Botschaft der Eltern und der Großmutter. Nach einer Viertelstunde kommt die Mutter weinend zurück, nimmt die Tochter in die Arme und sagt mit erstickter Stimme:

„Wir dürfen es nicht tun, Vater und Großmutter sind strikt dagegen!" Vanessa schreit wie eine Furie, so dass man ihr

Gebrüll durchs ganze Haus hört, und lässt sich nicht beruhigen.

Einige Hinweise für Eltern und Erzieher

1. Kinder sind äußerst feinfühlig gegenüber Erwachsenen. Wird ein Kind bemitleidet, glaubt es, ein Recht darauf zu haben, sich selbst zu bemitleiden. Doch sein Unglück wird dadurch nur größer.

2. Kinder, die bemitleidet werden, verlassen sich auf das Mitleid anderer und erwarten ihren Trost. Dabei verlieren sie jedoch mehr und mehr den Mut, gegebene Tatsachen zu akzeptieren.

3. Kinder, die bemitleidet werden, gewinnen die Überzeugung, dass die Welt ihnen etwas schuldet, und zwar als Ausgleich für erlittenes Unrecht.

4. Kinder fühlen sich gekränkt, weil die Dinge nicht den gewünschten Verlauf nehmen. Sie können sich angewöhnen, Kränkungen zu sammeln und spielen die Beleidigten.

5. Kinder, die von Eltern oder Erziehern bemitleidet werden, bekommen das Lebensgefühl vermittelt, schwach und hilflos zu sein. Das Mitleid hält sie klein und schränkt ihre Lebenstüchtigkeit ein.

6. Kinder, die bemitleidet werden, lernen es nicht, Enttäuschungen zu verkraften und so genannte „Schicksalsschläge" tapfer zu erdulden.

7. Kinder ziehen Konsequenzen aus dem Mitleid der Erwachsenen. Mit Schreien, Vorwürfen oder aggressiven Verhaltensmustern versuchen sie, die weichen Erwachsenen umzustimmen.

Wenn die Verwöhnung Pate steht

Eines Tages erschien die personifizierte Verwöhnung in meiner Beratung. Sie hieß Svetlana, trug einen russischen Vornamen, weil ihre Eltern etwas Außergewöhnliches bei ihrer Geburt vermuteten. Als einziges Kind, inzwischen 28 Jahre alt, saß sie vor mir in Kleidern der ersten Garnitur, sonst aber gelangweilt, blasiert und angeödet. Sie war seit einem Jahr verheiratet, fand ihre Ehe „sterbenslangweilig", ihren Mann „uninteressant" und die Ehe als „Strafe".

Ich: „Wenn Sie zaubern könnten, was würden Sie sich am liebsten wünschen?"

Sie: „Dass meine Ehe mit einem Knall beendet würde, und ich wieder bei meinen Eltern in Hamburg-Blankenese wohnen könnte."

Ich: „Was finden Sie da so beneidenswert?"

Sie: „Ich konnte tun und lassen, was ich wollte, meine Eltern sind sehr großzügig, müssen Sie wissen. Ich habe keine Sorgen und muss nicht für alles und jedes Verantwortung tragen. Wie gesagt, die Ehe ist schon eine harte Strafe."

Dieses Beispiel aus meiner Beratungspraxis zeigt, welche Konsequenzen Ehepartner zu erwarten haben, die sich einen verwöhnten Lebensgefährten eingefangen haben. Svetlana ist das Produkt einer übertriebenen Verwöhnung. Verwöhnung ist in der Tat der Erziehungsfehler Nr. 1 in unserer Gesellschaft und lädt zukünftigen Ehepartnern eine schwere Hypothek auf.

- Der Verwöhnte kommt sich einsam, unzufrieden und rastlos vor, weil ihm das kooperative Leben fremd ist; er wurde dazu nicht erzogen;

- er produziert eine große Langeweile, weil er allein mit sich nichts anfangen kann;
- er erwartet, dass *andere* für ihn sorgen, ohne dass er selbst auch nur einen Finger krumm macht;
- er strahlt eine mürrische Unzufriedenheit aus, die ein mangelndes Interesse am anderen und am Leben signalisiert;
- er kennt keine Eigeninitiative, bringt nichts in Gang und zeigt kein Durchhaltevermögen;
- er will dauernd etwas, weiß aber nicht was, er gibt sich keine Mühe, es herauszufinden, um es dann in Angriff zu nehmen;
- er zeigt eine passive Lebenshaltung, nimmt wenig Anteil am Leben und lässt sich bedienen;
- er lässt sich treiben, während das Leben und die Menschen an ihm vorbeiziehen;
- er ist zu nachsichtig mit sich selbst, weil seine Eltern sich ihm gegenüber zu nachsichtig verhielten;
- er zieht oft von Ort zu Ort, von Arbeitsstelle zu Arbeitsstelle und von Liebschaft zu Liebschaft, weil Ausdauer und Geduld nicht seine Tugenden sind.

Der Verwöhnte ist ein großes Baby, das den Mund weit aufmacht und sich verwöhnen lässt. Er versucht, seine Freunde und den Lebenspartner dahin zu bewegen, die übertriebene Verwöhnung der Eltern fortzusetzen. Er lässt für sich denken, planen und arbeiten, ohne entsprechende Gegenleistungen zu bringen. Schulisch und beruflich versagt er fast immer, weil die Anstrengungen, die von ihm gefordert werden, zu groß sind. Er hasst die Pünktlichkeit, die Regelmäßigkeit, die Ordnung und die Korrektheit. Schließlich drückten ja auch Vater und Mutter zu Hause willig ein Auge zu.

Das Gleiche erwartet er vom Lebenspartner, der ihm ein interessantes Leben verschaffen soll.

Noch ein Gesichtspunkt:

- Der Verwöhnte ist – im Gegensatz zum Überbeschützten – oft ein *Tyrann.*
- Der Verwöhnte handelt *fordernd.*
- Der Verwöhnte handelt *aggressiv.*
- Der Verwöhnte setzt sich *rigoros* durch.
- Der Verwöhnte hat die Eltern zur *Nachgiebigkeit* erzogen.
- Der Verwöhnte geht im schlimmsten Fall *über Leichen.*

Im Normalfall hatte der Verwöhnte weiche Eltern, die sich von ihm erpressen ließen.

Kapitel 3

Haupterziehungsfehler: Überbeschützung

Überbeschützung und Verwöhnung sind verwandte Erziehungsmuster. Und doch besteht ein wesentlicher Unterschied zwischen beiden.

Verwöhnung erzieht Menschen,

... die sich auf Kosten anderer durchsetzen,
... die sich tyrannisch geben und gebärden,
... die ihre Eltern und Erzieher in der Hand haben.

Überbeschützung erzieht Menschen,

... die hilflos und schwach reagieren,
... die von Eltern und Erziehern gelenkt werden,
... die erleben, dass ihnen alles vorgekaut, vorgemacht und abgenommen wird,
... die manipuliert und oft kleingehalten werden.

Beide Erziehungspraktiken werden allerdings von Eltern oft kombiniert eingesetzt. Überbeschützung äußert sich bereits in der Art und Weise, wie Eltern ihre Kinder anreden:

- „Ach, das ist unsere süße Kleine!"
- „Das ist unser goldiges Mädchen!"
- „Das ist unser Mäxchen."

Die Wortendungen „chen" und „lein" machen alle Dinge klein, so haben wir es schon in der Grundschule gelernt. Unbeabsichtigt denken und glauben die Erwachsenen: „Solange das Kind klein ist, haben wir's am liebsten." Die mütterliche und väterliche Fürsorge ist gut gemeint. Aber:

- Das Kind wird *in Watte gepackt.*
- Das Kind wird zu sehr *bevormundet.*
- Das Kind wird zu sehr *beschützt.*

- Das Kind wird zu sehr *beachtet.*
- Das Kind wird zu sehr *geschont.*

Viele Eltern und Erzieher *glauben*, das Kind sei noch zu klein und unfähig, sich die Schuhe allein zuzubinden, oder sich auf der Toilette den Po abzuwischen.

Sie *glauben*,

- das Kind kann sich nicht allein ein Butterbrot schmieren,
- das Kind kann sich nicht allein waschen,
- das Kind ist unfähig, kleine Aufgaben im Haushalt wahrzunehmen.

Die Eltern und Erzieher *wollen* das gerne glauben,

- weil sie sich als Helfer und Förderer fühlen,
- weil das hilflose Kind Fürsorge und Zuwendung braucht,
- weil ein hilfloses Kind den Erwachsenen ausgeliefert ist.

Welche Fehler in der Erziehung verbinden sich mit Überbeschützung?

Fehler Nr. 1: Eltern und Erzieher denken für das Kind

Mir sind in über 25 Jahren Beratererfahrung noch keine Eltern begegnet, die nicht das Gute für ihre Kinder wollten. Sie haben *gute Absichten* und wollen immer das Beste für den anderen. Ich habe mir angewöhnt zu sagen: „Die guten Absichten der Eltern sind Erziehungsfehler."

Warum?

- Wir machen das Kind *unselbstständig*,
- wir machen das Kind *unmündig*,
- wir machen das Kind ungewollt *hilflos*,
- wir machen das Kind ungewollt *mutlos.*

Denn immer sind es die klugen Erwachsenen,

- die *für* das Kind denken,
- die *für* das Kind planen,
- die *für* das Kind überlegen,
- die *für* das Kind entscheiden.

Das Kind trainiert nicht, schwierige Situationen zu meistern, solange die Eltern für alles die Verantwortung übernehmen. Das Kind und der spätere Erwachsene wird entscheidungsunfähig und sucht später Partner, die führen und bestimmen. Hilflosigkeit und Unselbstständigkeit kennzeichnen diese Menschen.

Merke: Eltern und Erzieher trauen dem Kind wenig zu.
Eltern und Erzieher halten das Kind gewollt oder ungewollt klein.
Eltern und Erzieher hindern das Kind, eigene Lernerfahrungen zu machen.

Fehler Nr. 2: Mütter mit Eheproblemen neigen zur Überbeschützung

Wenn die Ehe in Schwierigkeiten gerät und der Mann in erster Linie seine Karriere im Auge hat, wenn Gemeinsamkeiten der Eltern fehlen und der Mann die eheliche Gemeinschaft und die Familie meidet, kann es leicht dazu kommen, dass die Frau ihre Bestätigung bei den Kindern sucht.

- Ein Kind wird zum Partnerersatz,
- ein Kind wird egoistisch manipuliert,
- ein Kind wird verwöhnt oder überbeschützt.

Wenn dem Kind die Mutter leidtut, verzichtet es auf Selbstständigkeit, lässt sich klammern und in Beschlag nehmen. Solche Kinder genießen dann die Fürsorge und die überbeschützende Atmosphäre. Sie werden mutlos und kapitulieren vor den Herausforderungen des Lebens. Solange sie Mutters Überbeschützung genießen, spüren viele ihre Schwachstellen nicht. Aber

- sie verzichten auf Freunde und Partner, die ihnen die Mutter ausredet,
- sie verzichten auf die Fähigkeit, einem eigenen Haushalt vorzustehen,
- sie verzichten darauf, sich eigenständig im Leben zu behaupten.

Sie entwickeln sich als spätere Erwachsene zu „Nehmern". Sie wollen betreut, gelenkt und an die Hand genommen werden. Kommt es zum Verlust der Mutter, stürzt sie das unter Umständen in eine schwere Lebenskrise.

Merke: Erst kommt die Ehe, dann kommen die Kinder. Das ist realistisch und gottgewollt. Machen Sie niemals ein Kind zum Partnerersatz!

Fehler Nr. 3: „Hotel Mama" fördert die Überbeschützung

In den letzten Jahrzehnten hat sich ein Wandel vollzogen, was das Zusammenleben mit den Eltern angeht. In den 70er-Jahren zogen Heranwachsende früh von zu Hause aus. Die Zahl junger Menschen, die mit 20 Jahren in auswärts gemieteten Zimmern lebten, war hoch.

Heute erleben wir eine gegenläufige Entwicklung. Viele junge Erwachsene zwischen 20 und 30 Jahren leben noch zu Hause und genießen den Service des „Hotel Mama".

Gründe dafür sind:

- hohe Mieten,
- lange Ausbildungszeiten und
- Arbeitslosigkeit.

Viele Eltern sind beglückt, wenn die Kinder noch zu Hause leben, aber die Kinder entwickeln Nesthockertendenzen. Ihnen fehlt die Selbstständigkeit und Eigenverantwortung. Wenn Fähigkeiten wie Kochen, Putzen oder Einkaufen in der Ursprungsfamilie nicht eingeübt wurden, dann trauen sich viele junge Erwachsene nicht, draußen allein klar zu kommen.

Verwöhnte und überbeschützte Kinder wollen den oft kostenlosen Service des „Hotel Mama“ nicht verlieren. Sie lassen sich bedienen und leben, wie sie wollen. Eine inkonsequente und viel zu großzügige Erziehung in vielen Elternhäusern hat diesen Trend gefördert.

Die Bibel beschreibt die Trennung von den Eltern als gottgegeben. „Darum wird ein Mann Vater und Mutter verlassen und seiner Frau anhängen.“ (1. Mose 2, 24)

- Es geht nicht nur um die räumliche Trennung.
- Es geht um die Abnabelung vom Elternhaus.
- Es geht um Eigenverantwortung und Selbstständigkeit.

M e r k e : Eltern und Erzieher müssen ihre Motive klären, warum und wozu sie überbeschützen und wie ernsthaft sie dafür sorgen, dass Kinder mündig und selbstständig werden.

Fehler Nr. 4: Verhätschelte Kinder reagieren mit Angst

Viele Kinder werden nicht damit fertig, wenn sie zu Hause verwöhnt oder überbeschützt werden. Sie reagieren

- mit Angststörungen,
- mit Schulverweigerung,
- mit Leistungsabfall,
- mit Schulphobien.

Der Leiter der Klinikschule für Kinder- und Jugendpsychiatrie der Universität in Köln, Wolfgang Oelsner, deutet dieses Phänomen so:

„Wir haben es immer stärker mit Angststörungen zu tun, mit tragischen Fällen einer intellektuellen Überforderung und auch mit Kindern, die dem rauen Klima nicht mehr gewachsen sind. Man muss von einer Epidemie sprechen.“ [1]

Bei der Schulphobie handelt es sich um eine Krankheit, die typisch ist für die westliche Wohlstandsgesellschaft.

- Schulphobiker reagieren mit Trennungsängsten,
- sie sind zu Hause kleine Chefs, die verhätschelt wurden,
- viele stammen aus der Mittelschicht und sind dem Stress und den Anforderungen in der Schule nicht gewachsen,
- sie reagieren in der Schule mit Panikattacken und mit Leistungsabfall.

Dabei handelt es sich in der Regel *nicht* um Kinder, die für die Schule und Leistung kein Interesse zeigen. Vielmehr sind sie durch Überbeschützung und Verhätschelung dazu gebracht worden. Sie haben zu Hause im Mittelpunkt gestanden und werden im rauen Klima der Schule von ihrem Thron gestoßen.

Merke: Überbeschützung verursacht Angststörungen bei Kindern. Sie sind den Anforderungen der Schule und des Lebens nicht gewachsen.

Fehler Nr. 5: Sie sind zu mitleidig!

Mitleid ist eine wichtige christliche Einstellung. Es bedeutet, mit einem Leidenden Mitleid zu empfinden, an seinem Leid teilzuhaben. Christus kann mit unseren Schwachheiten

Deshalb ist es manchmal notwendig, dass es mir äußerlich sichtbar schlecht geht, damit ich leidend wirke. Wohlfühlen (bzw. beschwerdefrei sein) darf ich mich nur dann, wenn ich ‚gute Riesen' um mich habe, die sich um mich kümmern, mich bedienen, umsorgen, mich in den Mittelpunkt aller Aufmerksamkeit stellen." [2]

Zukünftige Lebenspartner werden echte Partnerschaft und gegenseitige Verantwortung vermissen. Sie werden gekonnt benutzt und dürfen den anderen bedienen, verwöhnen und umsorgen.

Merke: Überbeschützung macht liebesunfähig, beziehungsunfähig und untergräbt partnerschaftliches und kooperatives Verhalten.

Fehler Nr. 7: Auch Überentlastung entspricht der Überbeschützung

Überentlastung ist ein seelischer Krisenfaktor und gleicht der Verwöhnung. Die Logotherapeutin Elisabeth Lukas schreibt:

„Übermäßige Entlastung und Schonung hingegen ist unnatürlich und wird im geistigen Erleben sofort als ‚sinnlos' registriert, ja als Leerlauf des Lebens wahrgenommen. (...) Die Überentlastung als seelischer Krisenfaktor ist es deshalb, weil sie in Passivität lähmt, weil sie überflüssige und unrealistische Problemsituationen produziert. Aus dieser Wurzel entspringt Kriminalität, Suizidgefahr, sexuelle Perversion und Suchtneigung. (...)

Das zweite Kriterium, das ich erwähnen möchte, findet sich sehr oft in Gefolgschaft mit der Überentlastung, nämlich die *Überkonsumation* als Verwöhnung. Wir wissen heute, dass Verwöhnung und Suchtneigung eindeutig nachweisbare

Verwandtschaft miteinander haben, und das ist die überwiegende Unfähigkeit eines Menschen, einen Verzicht leisten zu können." [3]

- Überentlastung ist Verwöhnung.
- Überentlastung ist Vereitelung von Verzicht.
- Überentlastung fördert die Sinnlosigkeit.

Wir alle erleben das spürbare Abbröckeln des Wohlstandes, das Zurückgehen der Wirtschaftskonjunktur, das Rarwerden der Energiequellen. All das beinhaltet die große Chance zu lernen,

- Maß zu halten,
- Verzicht zu üben und
- ideelle Werte stärker zu betonen.

Merke: *Entlastung* fördert die Verwöhnung.
Entlastung untergräbt die Selbstverantwortung.
Entlastung nimmt dem Kind die Möglichkeit, selbstständig Aufgaben zu erledigen und Fähigkeiten selbstbewusst wahrzunehmen.

Fehler Nr. 8: Die Störer in der zweiten Reihe

So berichtet das Magazin FOCUS über lästige Eltern, die für viele Lehrer das eigentliche Problem im Schulalltag bilden. „Hinter jedem Schüler stehen Eltern, mit denen sich der Lehrer nach Unterrichtsschluss auseinandersetzen muss." In dem Bericht heißt es: „Marotten, Intrigen und Attacken von Eltern treiben viele der knapp 900.000 Lehrer in Deutschland zur Weißglut und zur Verzweiflung. Die Liste der bizarren Aktivitäten, die Lehrer an Eltern hassen, sind endlos. Das Spektrum beginnt mit einem krankhaften Überangebot ständig ihre Kinder betüddelnder Mütter. Es reicht bis zum sträflichen Ignorieren schulischer Pflichten durch lustlose oder unfähige Erziehungsberechtigte. Dazwischen liegen, so schildern es die Pädagogen, Misstrauen, Anmaßung, Mobbing, Drohungen, Klagen und Einschüchterungsversuche. Die Frontstellung an deutschen Schulen ist klar. Auf der einen Seite stehen Eltern, die ihr Kind beschützen wollen und ängstlich seine Zukunftsperspektiven im Blick haben. Auf der anderen Seite stehen die Lehrer, die sich immer wieder der Kritik und den Vorwürfen der Erziehungsberechtigten ausgesetzt sehen.“ [4]

Was sind noch einmal die Kritikpunkte der Lehrer:

- Überbeschützung

  Eltern kümmern sich zu viel und mischen sich zu stark in die Schulbelange ein. „Eltern schleppen die Ranzen der Kleinen gern bis vor die Klassentür, hängen Jacken in den Schrank und helfen beim Schuhewechseln.“

- Eltern sind erziehungsverunsichert

  Überbeschützung auf der einen Seite, Inkonsequenz auf der anderen.

- Helikopter-Eltern

  So werden jene Erziehungsberechtigten von den Pädagogen genannt, die ständig um die Kleinen herumschwirren und so handeln wie dienstbare Geister oder Schutzengel. Dabei nerven sie den Nachwuchs gewaltig. Sie rauben den Kindern die Erfolgserlebnisse auf dem Weg zur Selbstständigkeit.

- Kinder zeigen Verhaltensauffälligkeiten

  Immer mehr Erstklässler haben Sprachdefizite, zeigen Konzentrationsstörungen, sind hyperaktiv oder in der Motorik eingeschränkt. In Berlin muss jedes dritte bis vierte Kind zum Ergotherapeuten, Logopäden oder Krankengymnasten.

- Eltern fehlt der Mut oder die Fähigkeit zur Erziehung

Viele Eltern kommen in die Sprechstunde und fragen, wie sie mit ihren Kindern umgehen sollen. Eltern wünschen sich Rezepte oder erwarten von den Lehrern, dass sie die Aufgaben übernehmen. Das erzieherische Unvermögen wird als die neue „Volkskrankheit" bezeichnet. Kindern fällt es schwer, Regeln zu akzeptieren, jede Kleinigkeit muss ausdiskutiert werden. Kinder können schlecht zuhören und kaum abwarten, bis sie an der Reihe sind. Viele Eltern trauen sich nicht, durchzugreifen; sie reden nur und ziehen keine Konsequenzen. Viele Eltern zeigen einen „krankhaften Ehrgeiz" und mangelnde Einsicht. Das Abitur muss her, egal wie.

- Eltern machen Schwierigkeiten bei einem Schulwechsel

Wenn es um Empfehlungen und Einstufungen für weiterführende Schulen geht, ist der „Selektionsdruck" ungeheuer groß. Lehrer werden daher häufig von Eltern unter Druck gesetzt, die Kinder besser einzustufen. Auch die Kinder werden unter Druck gesetzt. Schaffen sie den Übergang ins Gymnasium nicht, reagieren einige Eltern mit Liebesentzug.

M e r k e : Verwöhnung und Überbeschützung werden von Pädagogen als Haupthindernisse für effektives Lernen in den Schulen genannt. Die Grundlage für ein erfolgreiches Lernen wird *nicht* in der Schule, sondern im Elternhaus gelegt. Eine umfassende Erziehungsoffensive kann helfen, die Erziehungsdefizite in allen Schularten zu verringern.

Wie Überbeschützung zur Lebenslüge erzieht

Da ist ein 32-jähriger Mann, der von seiner Frau in die Beratung geschickt wurde. Von Beruf ist er Angestellter in einer diakonischen Einrichtung. Er macht die Abrechnung und die Buchführung. Auch dort hat er viele Schwierigkeiten, weil er zu gewissenhaft, zu misstrauisch und zu langsam ist. Weil er jeden Morgen die Andacht für Mitarbeiter besucht und überhaupt als „treue Seele" eingestuft wird, wurde ihm noch nicht gekündigt. Angedroht wurde ihm die Kündigung jedoch schon einige Male. Er ist seit vier Jahren verheiratet. Kinder hat das Ehepaar nicht. Seine Frau würde gerne Kinder haben, aber er hält die heutige Zeit für denkbar ungünstig, um Kinder darin aufwachsen zu lassen. Sein Problem schildert er so:

„Ich bin ein chronischer Zweifler. Ich misstraue allem und allen. Meine Frau fühlt sich völlig überfordert, weil sie glaubt, alle Verantwortung allein tragen zu müssen. Aber für meine Zweifel kann ich doch nichts. Ich habe sie mir doch nicht ausgesucht. Meine Zweifel sind so groß, dass ich auch nicht glauben kann, dass Sie mir helfen können. Muss ich denn als Christ nicht *alles* aus Gottes Hand nehmen?"

Im Beratungs- und Seelsorgegespräch schälen sich folgende Einzelheiten heraus:

- Er ist ein kleiner Prinz

  Als viertes Kind wird er geboren. Der nächstältere Bruder ist sechs Jahre älter. Vater und Mutter sind überglücklich über dieses Kind. Auch Opa und Oma, die mit ihnen im Haus leben, kümmern sich liebevoll um den kleinen Nachzügler. Die Mutter habe ihm einige Male bestätigt, dass sie ihn wirklich gewünscht hätte.

- Er wird überbeschützt
  Mutter lebt noch einmal auf und kümmert sich in großer Liebe um den kleinen Prinzen. Sein Bruder über ihm quält ihn gelegentlich, zerstört Spielsachen, kneift und piesackt ihn. Vermutlich ist er besonders eifersüchtig auf den Bruder, der von allen Seiten gehätschelt und überbeschützt wird.
- Er ist ein schlechter Esser
  Eltern und Großeltern machen sich viele Gedanken, weil er immer schwächlich, krankheitsanfällig und hilfsbedürftig ist. Alles nehmen sie ihm aus der Hand, weil sie es dem „schwächlichen Prinzen" nicht zumuten können.
- Er schafft nur die Hauptschule
  „Ich war den Aufgaben in der Schule nicht gewachsen. Wenn ich nach Hause kam als Kind, war ich fertig. Ich habe erstmal eine Stunde geschlafen, und dann haben mir Mutter und Großeltern bei den Schulaufgaben geholfen. Dass ich eigenständig und nur für mich gespielt habe, daran kann ich mich nicht erinnern." Mit letzter Kraft schafft er die Hauptschule und wird anschließend in eine kaufmännische Lehre gesteckt, und zwar bei guten Bekannten der Eltern, die den netten und anstelligen Jungen annehmen und mit ihm die kaufmännische Lehre abschließen.
- Er heiratet mit 28 Jahren eine sechs Jahre ältere Frau
  Die Dame war schon einmal verheiratet und hatte im letzten Jahr ihre schwer kranke Mutter gepflegt. Als die Mutter stirbt, taucht sie oft zu Besuch bei den Eltern des „kleinen Prinzen" auf. Eltern und Großeltern drehen offensichtlich mit an der Schraube. Beide verlieben

sich ineinander und die Heirat ist perfekt. Die Frau ist, wie gesagt, sechs Jahre älter, eine lebenstüchtige und zupackende Partnerin.

Was zeigt dieses Beispiel? Wie hängen Überbeschützung und Lebenslüge zusammen?

1. Der Mann ist ein chronischer Zweifler

Er hat nicht gelernt, für sein persönliches Leben Verantwortung zu tragen. Für seine Einstellungsmuster macht er selbstverständlich Gott, den Schöpfer, verantwortlich.

Er glaubt:

- Gott habe ihn so aufwachsen lassen.
- Gott habe die chronischen Zweifel in seine Wiege gelegt.
- Gott habe ihn mit einer Verantwortungsschwäche programmiert.

2. Der Mann wurde von klein auf überbeschützt

Er war der jüngste Spross seiner Ursprungsfamilie. Die Mutter war offensichtlich glücklich über den Nachkömmling und packte ihn in Watte. Ebenso taten es auch Oma und Opa. Alle Aufgaben nahm man ihm ab. Alle Probleme lösten andere Menschen für ihn. Im Grunde wurde er dadurch lebensuntüchtig *gemacht*.

Von klein auf zweifelte er an seinen Gaben und Fähigkeiten. Er zweifelte an seinem Willen und der Möglichkeit, ihn erfolgreich einsetzen zu können. Nie wurde er ernsthaft auf die Probe gestellt, so dass er sich nicht beweisen musste.

3. Der Mann heiratete eine ältere und lebenstüchtige Frau

Im Grunde müsste man sagen, der Mann wurde verheiratet. Die Ehe wurde offensichtlich von Eltern und Großeltern für ihn arrangiert. Der verwöhnte Mann heiratete eine „Mutter", die ihn liebevoll wie die eigene Mutter versorgte. Die ersten Monate der Ehe verliefen glücklich, weil die Frau alle ihre Wünsche und Bedürfnisse gegenüber dem Mann durchsetzen konnte. Sie war es gewohnt zu führen und Verantwortung wahrzunehmen. Aber je länger sie verheiratet waren, desto schiefer wurde die Beziehung.

Der Mann wurde krank; wie in seiner Kindheit schien er wieder schwach und zerbrechlich. Die alten Verhaltensmuster aus seiner Herkunftsfamilie lebten wieder auf. Die Frau schickte ihn zu mehreren Ärzten, die keinen organischen Befund feststellen konnten! Aber er fühlte sich schwach und inkompetent und lehnte alle Verantwortung im ehelichen Zusammenleben ab.

4. Die Ehefrau überwirft sich mit ihren Schwiegereltern

Die Frau klagt seine Eltern und Großeltern an, die ihn, wie sie sagt, überbeschützt, verhätschelt und lebensuntüchtig gemacht hätten. Doch auf verbale Auseinandersetzungen mit seiner Frau lässt sich der Ehemann nicht ein. Denn Streit hatte es zwischen ihm und seiner Mutter nicht gegeben. Er macht dicht, hört einfach nicht mehr zu und verweigert sich. Sie hört nur Sätze von ihm, die etwa so klingen:

„Ich kann nicht."
„Ich weiß nicht, was du willst."
„Das geht nicht."

5. Nach fünf Gesprächen zieht der Mann die Konsequenz

Mit den Vorwürfen der Frau kann er nicht umgehen. Die Gespräche werden ihm zu schwer. Die Zeit, die er nach der Arbeit um 18.00 Uhr bei mir im Gespräch verbringt, werden ihm zur unerträglichen Last. Dem letzten mit mir vereinbarten Gesprächstermin bleibt er ohne Entschuldigung fern. Die Frau ruft mich an, ist verzweifelt und verbittert und sieht keine Hoffnung mehr für ihre Ehe.

Und dann geschieht es: Die Frau ist zum Supermarkt gefahren, um einzukaufen. Sie kommt wieder und der Mann ist verschwunden. Er hat die eheliche Wohnung verlassen, alles stehen und liegen gelassen und ist ins Elternhaus zurückgekehrt. Die Eltern müssen nun *alles* in die Hand nehmen, um den Haushalt der jungen Eheleute zu teilen. Vieles haben sie für ihren Sohn gekauft und wollen es zurückhaben. Der Sohn schaltet völlig ab. Er betritt die Wohnung seiner Ehefrau nicht mehr. Er beteiligt sich auch nicht an der ehelichen Auseinandersetzung.

6. Der Mann geht völlig in Abwehr

Er will mit seiner Frau, mit der Scheidung und mit allen sich daraus ergebenden Fragen nichts zu tun haben. Niemand kann ihn überreden, mit zur Gerichtsverhandlung zu kommen. Er schließt sich in sein Zimmer ein und lässt *alles* an sich abprallen. Dann verliert er seine Arbeitsstelle, weil er aus Krankheitsgründen öfter fehlt. Er schließt die Augen – wie ein kleines Kind – wenn er von seinen Eltern angesprochen wird.

7. Der Mann klammert sich an seine Lebenslüge

Die Eltern leiden, denn sie haben jetzt den Sohn zu Hause, ohne Ehefrau und ohne Arbeit. Ganz allmählich findet der inzwischen 35-jährige Mann wieder zu sich. Er nimmt wieder am Familienleben teil, lässt sich bedienen und verwöhnen. Regelmäßig besucht er den Gottesdienst und kehrt den netten, bescheidenen und umgänglichen Menschen heraus.

Beide Eltern sagen mir bei einem Beratungsgespräch, was der Sohn von sich denkt:

„Gott hat mich so gemacht, wie ich bin."

„Für die Arbeitswelt in unserer Zeit bin ich nicht geschaffen."

„Die Ehe ist eine Einrichtung, die von Ansprüchen lebt, denen ich nicht gewachsen bin."

„Ihr habt mich gezeugt, jetzt tragt auch die Verantwortung!"

Lebenslügen fallen nicht vom Himmel. Sie werden auch nicht vererbt. Lebenslügen wie diese sind – unter anderem – Folgen einer starken Überbeschützung.

Kapitel 4
Haupterziehungsfehler: Inkonsequenz

Inkonsequenz ist ein dritter Erziehungsfehler. Welche erzieherischen Nachteile damit verbunden sind, wird in den folgenden Abschnitten besprochen.

Warum haben Eltern manchmal Schwierigkeiten, konsequent zu sein?

Diese Frage stellt die Zeitschrift FAMILIE & CO. dem Kinderpsychologen Wolfgang Bergmann. Und er antwortet:

„Eltern sind zum Teil unsicher. Der autoritäre Erziehungsstil ist überwunden, aber die antiautoritäre Erziehung hat auch ihre Schwächen gezeigt, und es ist klar, dass Regeln und Verbindlichkeiten wichtig sind. Manche Eltern stehen jetzt vor der Frage: Wie mache ich es nun? Und in dieser Situation schwanken sie zwischen den Extremen. Mal schreien sie ihr Kind an, wenn es nicht umgehend gehorcht, dann aber wieder ertragen sie Tränen und Wut nicht und erfüllen jeden Wunsch.“ [1]

Die antiautoritäre Erziehung der 68er-Bewegung, die Freiheit, Unverbindlichkeit und Selbstverwirklichung forderte und mangelnden Halt verursachte, ist inzwischen überholt.

Allerdings sind viele Eltern inzwischen auch sehr verunsichert, deshalb kommen Druck, Gehorsam, Konsequenz und erzieherische Klarheit vielen immer noch als verfehlt vor.

Es geht jedoch nicht in erster Linie um Regeln,

- die kommentarlos eingehalten werden sollen,
- die wieder mit Druck und Lautstärke vermittelt werden,
- die den Kindern durch Dressur verpasst werden,

sondern darum, dass Kindern die *Einsicht* für Regeln und gemeinsame Abmachungen deutlich wird, um das Miteinander zu fördern.

Eltern und Erzieher, die sich inkonsequent verhalten, die unsicher reagieren,

- geben den Kindern keinen Halt,
- vermitteln keine klaren Grenzen,
- leben keine Verbindlichkeit,
- fördern ungehorsames und tyrannisches Verhalten.

Eltern machen sich zum Opfer

Wer Kinder achten und respektieren will, wer sie für Achtung und Respekt sensibel machen möchte, muss lernen, *sich* selbst ernst zu nehmen, *sich* zu achten, *sich* zu respektieren. Nur wer sich selbst achtet, kann voll und ganz die Person des anderen achten. Dr. Rogge, dessen Bücher in Deutschland Bestseller auf dem Erziehungssektor wurden, schreibt in einem seiner Bücher:

„Eltern, Erzieherinnen, Lehrer und Lehrerinnen opfern sich auf:

- ‚Man will nur das Beste für das Kind ... .'
- ‚Man will alles anders machen ... .'
- ‚Man will es richtig machen ... .'
- ‚Man will das Kind verstehen ... .'
- ‚Man will das Kind annehmen ... .'

Ich beobachte: Eltern, Erzieherinnen, Lehrer und Lehrerinnen ordnen sich unter. Für viele steht das Kind, das Kindeswohl und die umfassende Fürsorge an allerersten Stelle. Die eigenen Bedürfnisse und Wünsche, das eigene Wohl, das eigene Sich-angenommen-Fühlen werden hintangestellt, eigene Grenzen nicht gespürt, gefühlt, gezogen. Der eigene Körper, die eigenen Gefühle scheinen stillgelegt.“ [2]

Was heißt das?

Grenzenlose Liebe und grenzenloses Aufgehen im pädagogischen Beruf haben mit Aufgabe der eigenen Person zu tun;

- Eltern und Erzieher stellen sich als jemand dar, mit dem man alles machen kann;
- Eltern und Erzieher geben Kindern das Gefühl, sie seien unentbehrlich;
- Eltern und Erzieher verdecken damit ihre eigene Gefall- und Selbstsucht.

Noch einmal Dr. Rogge:

„Wer in der Kindererziehung aufgeht, wird – im wahrsten Sinne des Wortes – unscheinbar, unsichtbar – gleichwohl zum Spielball anderer Interessen. Man wird, macht sich zum Opfer und Sklaven, dem nicht Respekt und Achtung, allenfalls Mitleid entgegengebracht wird, dem man freilich, immer wieder aufs Neue, Verletzungen und Niederlagen zumutet.“ [3]

Erziehungsschwierigkeiten haben oft damit zu tun, dass sich in Elternhaus, Kindergarten und Schule Frustrationen breitmachen, weil Eltern und Erzieher sich den Ansprüchen der Kinder unterordnen.

Wer Kindern immer wieder gefällig sein will,

- der stellt sich als Untertan dar;
- er zieht Herrscher und Tyrannen auf;
- er zieht Tyrannen auf, denen es schwerfällt, zu kooperieren;
- er zieht Tyrannen auf, die nur lernen, ihren eigenen Willen durchzusetzen.

Wer sich nicht abgrenzen kann, und wer nicht lernt, auf liebevolle Weise konsequent zu sein, der wird an die Wand gespielt.

Die liebevoll-konsequente Erziehung

In welchem Erziehungsklima gedeihen unsere Kinder am besten?

Wer Fehler ausmerzen will, muss wissen, welche Ziele er ansteuern will. Mit zwei Begriffen möchte ich den konstruktiven Erziehungsstil umschreiben: mit *liebevoll* und mit *konsequent*. Was beinhaltet eine liebevoll-konsequente Erziehung? Ich greife auf das vierte Gebot zurück, das wegweisende Leitlinien charakterisiert. Es beinhaltet die Grundmuster, die ein fruchtbares Familienklima garantieren.

Grundmuster Nr. 1:

Respekt vor den Eltern ist abgeleitet von dem Respekt vor dem lebendigen Gott. Ehrerbietung ist abgeleitet von der Ehrerbietung vor dem himmlischen Vater. Respekt meint keine Unterwerfung und keinen blinden Gehorsam. Respekt meint eine gegenseitige Anerkennung, keine Herrschsucht und keine falsche Nachgiebigkeit. Kinder, die in der Tiefe ihres Herzens ihre Eltern respektieren, erkennen ihre Autorität an. Wer auf diesem Wege in die Elternrolle hineinwächst, hat keine Autoritätsprobleme. Er muss sich nicht aufspielen und sich Autorität anmaßen. Angemaßte Autorität ist das Etikett für autoritäres Verhalten.

Grundmuster Nr. 2:

Das Ehren der Eltern beinhaltet *Achtung*. Wer gelernt hat, seine Eltern zu achten, will sie nicht beherrschen und manipulieren, er will sie nicht erpressen und gegeneinander ausspielen. Wer seine Eltern achtet, hört auf sie, und Hören hängt eng mit Gehorchen zusammen. Gemeint ist keine Hörigkeit und unverantwortliche Abhängigkeit. Eine freudig bejahte Achtung der Eltern schließt in jedem Fall Selbstachtung mit ein. Der Mensch ist im inneren Gleichgewicht. Wer mit dieser Einstellung in seine Elternrolle hineinwächst, achtet wiederum seine Kinder. Er kann weitergeben, was er selbst erfahren hat.

Grundmuster Nr. 3:

Wer seine Eltern ehren kann, wird sie *lieben.* Liebe ist eine Mischung aus Anerkennung, Achtung, Respekt und Ehrerbietung. Die Bemühungen der antiautoritären Pädagogik, den Eltern diese Anerkennung zu entziehen, widersprechen den Kernaussagen des vierten Gebotes. Liebe beruht andererseits stets auf Gegenseitigkeit. Eine liebevolle Erziehung beinhaltet, den Kindern mit Wohlwollen, mit Vertrauen und durchdachter Fürsorge zu begegnen. Wahre Liebe schließt Verwöhnung, falsch verstandene Toleranz und Nachsicht um jeden Preis aus.

Grundmuster Nr. 4:

Wer die bisher genannten Gesinnungsmuster verinnerlicht hat, kann *liebevoll-konsequent* sein. Konsequenz ist eine Erziehungsregel, die Grenzen setzt, die Klarheit schafft und widersprüchliche Botschaften an die Kinder vermeidet. Konsequenz meint nicht Härte, sondern Entschiedenheit. Konsequenz in der Erziehung vermeidet, dass Kinder hin- und hergerissen werden. Auf diese Weise erfahren Kinder Halt und Geborgenheit.

In der Bergpredigt sagt Jesus: „Sagt ganz einfach ja oder nein, jedes weitere Wort ist vom Teufel.“ (Matth. 5, 37)

Inkonsequenz – fünf Fehlverhaltensmuster

Welche Erziehungspraktiken verstecken sich hinter der Inkonsequenz?

Fehlverhaltensmuster Nr. 1: Schaukelpädagogik

Der Vater sagt ja, die Mutter sagt nein oder umgekehrt. Der eine fällt dem anderen in den Rücken. Auch unter Christen werden diese negativen Muster praktiziert. Woran liegt das?

Der Vater bestimmt, weil er das christliche und geistliche Haupt der Familie ist, die Mutter unterläuft die Anordnungen und Entscheidungen des Vaters. Sie gehorcht ihm anscheinend, aber sie setzt seine Anordnungen nicht durch.

- Sie *schwächt* die Entscheidungen ab.
- Sie *redet* mit den Kindern und versucht sich anzubiedern.
- Sie *interpretiert* die Anordnung nach ihrem Verständnis.

Fehlverhaltensmuster Nr. 2: Jein-Antworten

- Kein klares Ja,
- kein klares Nein,
- keine klaren Grenzen,
- keine Konsequenz.

Die Eltern spiegeln Unklarheit, Unsicherheit und Entscheidungsschwäche wider. Wir sprechen auch von einer Wischi-Waschi-Erziehung.

Fehlverhaltensmuster Nr. 3: Falsche Nachgiebigkeit

Wenn es eine falsche Nachgiebigkeit gibt, muss es auch eine positive Nachgiebigkeit geben. In der Pädagogik sprechen wir von der „durchdachten“ Nachgiebigkeit.

- Eltern geben nach aus *Überzeugung.*
- Eltern geben nach, *weil es einleuchtet.*
- Eltern geben nach, *weil sie sich geirrt haben.*

Aber:

Nachgiebigkeit aus Schwäche, aus Angst und Hilflosigkeit ist ein schlechtes Erziehungsverhalten. Denn

- das Kind *ertrotzt* seinen Willen,
- das Kind *setzt* sich *durch*,
- das Kind *wirft* die Eltern *um*.

Nicht wenige Eltern sind mit den Nerven am Ende und rufen: „Mach, was du willst!“ Im Grunde müsste das Kind sagen: „Ich danke dir, lieber Vater, liebe Mutter, ich mache jetzt, was ich will, ihr habt es mir ja erlaubt.“

Fehlverhaltensmuster Nr. 4: Viel reden und nicht handeln

Viele Eltern sagen mir in der Beratung:

> *„Alles muss ich zigmal sagen, sonst hören meine Kinder nicht.“*
> *„Ich rede mir den Mund fusslig – die Kinder hören einfach nicht.“*

Es handelt sich um ein perfektes Zusammenspiel zwischen Eltern und Kindern. Eltern hören das nicht gern, aber es ist so. Die Kinder haben sich an dieses Zusammenspiel gewöhnt. Sie hören erst, wenn die Stimme sich bedrohlich erhebt oder Strafen angedroht werden. Eltern und Kinder haben dieses fehlerhafte Zusammenspiel perfekt eingeübt. Die Kinder ziehen aus den Fehlern der Eltern ihre Konsequenzen. Eltern hingegen, die etwas zigmal sagen müssen, spüren oft gar nicht ihre Schwäche. Sie denken und handeln inkonsequent. Und Kinder wissen dieses Wechselspiel klug für sich zu nutzen.

Fehlverhaltensmuster Nr. 5: Großeltern und Eltern erziehen unterschiedlich

Eltern sind *streng*,
Großeltern sind *großzügig*,
Eltern erlauben *nicht*,
Großeltern *erlauben*.

Die Folgen sind:

- die Kinder werden orientierungslos erzogen,
- die Kinder lernen, es gibt unterschiedliche Wahrheiten,
- die Kinder erfahren keine Identität und keine pädagogische Übereinstimmung,
- die Kinder erleben Widersprüchlichkeit und innere Zerrissenheit,
- die Kinder werden verwirrt.

Vier Folgen der Inkonsequenz

Die genannten Erziehungspraktiken wirken sich negativ auf das Verhalten der Kinder aus.

Folge 1: Entschlusslosigkeit

Vater sagt ja, Mutter sagt nein. Das Kind weiß nicht, was es machen soll. Handelt das Kind, wie der Vater es angeordnet hat, kommt das Kind mit der Mutter in Konflikt. Handelt das Kind wie Mutter es geraten hat, bekommt das Kind Ärger mit dem Vater. Das unbewusste Lebensmotto dieser Kinder lautet:

„Ich weiß nicht, was ich tun soll.“

Das Kind lebt nach einer Leitlinie, einer Leitüberzeugung, die unverstanden über seinem Leben hängt:

„Besser, du triffst keine Entscheidung, dann trittst du in kein Fettnäpfchen. Du verärgerst keinen und hältst dich raus."

Hier haben wir *eine* der Wurzeln für Entscheidungsschwäche und Entschlusslosigkeit im späteren Leben.

Folge 2: Das Kind will gefallen

Inkonsequenz erzieht zur *Gefallsucht.*

- Das Kind will es jedem *recht machen.*
- Das Kind will nicht *anecken.*
- Das Kind will *gemocht werden.*
- Das Kind hängt *sein Fähnchen nach dem Wind.*
- Das Kind *mogelt sich* durchs Leben.

Diese Kinder und späteren Erwachsenen haben keine Stabilität und keinen klaren inneren Halt. Sie reden dem anderen nach dem Mund. Oft denken und handeln sie standpunktlos. Es leuchtet ein, dass solche Menschen leicht verführt werden können. Ihnen fehlt die klare Linie, ihnen fehlt die klare *geistliche* Ausrichtung.

Folge 3: Das Kind tyrannisiert

Inkonsequenz verleitet Kinder und Jugendliche dazu, sich durchzusetzen. Sie ertrotzen ihren Willen, weil Inkonsequenz Schwäche und mangelndes Stehvermögen verrät. Kinder machen die Eltern mürbe. Offensichtlich haben Kinder auch die besseren Nerven. Sie geben keine Ruhe und quengeln so lange, bis die Erwachsenen – gegen ihre Überzeugung – nachgeben. Tyrannische Kinder sind Egoisten und führen sich auch später als Erwachsene egoistisch und ichsüchtig auf.

Folge Nr. 4: Kinder leiden unter Gewissensschwäche

Widersprüchlichkeit der Eltern untergräbt die Entwicklung eines geradlinigen Gewissens. Weil die Wahrheit nicht eindeutig ist, sondern zweideutig, weil die Entscheidungen nicht klar, sondern unklar sind, erziehen wir uns unbewusst ein Kind mit einem schwammigen Gewissen.

- Kinder beurteilen Gebote und Verbote *gleichgültig.*
- Kinder bleiben in ihrem Gewissen *orientierungslos.*
- Kinder lernen keine klaren *Maßstäbe.*
- Kinder erhalten keine *Kurskorrektur.*

Sie lernen von den Erwachsenen, dass es für alle Verhaltensmuster Erklärungen, Ausreden und stichhaltige Gegenargumente gibt. Martin Luther konnte sagen: „Ein herrenloses Gewissen ist wie ein herrenloser Hund, es läuft allen Einflüsterungen nach."

Das Gewissen wird geprägt. Gott hat uns diese wichtige innere Instanz gegeben. Aber

- das Gewissen muss *geformt* werden,
- das Gewissen muss *ausgerichtet* werden,
- das Gewissen braucht *klare Führung.*

Die Kontrasterziehung

Auch die Kontrasterziehung beinhaltet Inkonsequenz. Wir verstehen darunter eine uneinheitliche und widersprüchliche elterliche Praxis. Vater und Mutter spiegeln Dissonanzen und gegensätzliche Erziehungsstile wider. Die gegensätzlichen Erziehungsstile deuten in der Regel eine unharmonische Ehebeziehung an. Die Partner leben in Streit, bekämpfen sich gegenseitig und entscheiden widersprüchlich. Die Kinder sind die Leidtragenden. Oft verstehen sie es meisterhaft, die Eltern gegeneinander auszuspielen. Sie setzen sich geschickt durch und lernen von klein auf, andere für ihre Zwecke zu manipulieren.

Die Kontrasterziehung verleitet zur Gleichgültigkeit. Werte können so, aber auch anders interpretiert werden. Die Eltern haben ihnen die Widersprüchlichkeit vorexerziert. Gebote und Normen werden großzügig angewendet. Die Kinder mogeln sich durchs Leben und benutzen alle Tricks, um ihren Vorteil zu suchen. Im schlimmsten Fall ist diese Schaukelpädagogik eine schizophrenogene, eine verrückt machende Erziehung. Sie stürzt die Kinder in *Verwirrung*, sie wissen nicht, was sie tun sollen.

Fragen an die Eltern:

- Wie können Eltern uneinheitliche Aussagen verantworten?
- Wie erklären Sie sich die Spannung, die Sie produzieren und aufrecht erhalten? Sind Ihre Beweggründe hilfreich oder lieblos?
- Sind Sie davon überzeugt, dass Sie eine Schaukelpädagogik beibehalten müssen, weil Sie nicht anders können?
- Welche Schritte wollen Sie unternehmen, um diese widersprüchliche Erziehung zu revidieren?

Wenn das Kind trotzt

Eine Phase, die tiefe Spuren hinterlässt, ist die Trotzphase.

1. Ursachen des Trotzes

Wir unterscheiden die *erste* und die *zweite Trotzphase*. Die erste setzt man etwa zwischen dem zweiten und vierten

Lebensjahr an. Der Schwerpunkt liegt am Ende des zweiten Lebensjahres und erstreckt sich noch über das ganze dritte Lebensjahr. Die zweite Trotzphase fällt mit der Zeit der Vorpubertät zusammen.

Lange Zeit nahmen Entwicklungspsychologen an, es handele sich um eine endogene, also von innen her kommende, reifungsbedingte allgemeine Entwicklungserscheinung. Beobachtungen der Kulturanthropologen bestätigen aber, dass bei Völkern, die keinerlei erzieherische Forderungen an Kinder stellen, wie zum Beispiel die Menschen auf Bali, keine Trotzphase in Erscheinung tritt. So geht man heute stärker davon aus, dass Trotz eine Funktion des Erziehungseinflusses ist. Mit anderen Worten: Trotz kann dort nicht auftauchen, wo erzieherische Forderungen fehlen. Es wäre aber völlig unsinnig, das Beispiel von Bali auf unsere Kultur und unsere Gesellschaft übertragen zu wollen. Unsere Kinder können nicht unter „paradiesischen", konkurrenzlosen gesellschaftlichen Bedingungen aufwachsen. Sie werden in eine Industrie- und Leistungsgesellschaft hineingeboren. Und solange wir diese Gesellschaftsform bejahen, müssen wir unsere Kinder dafür vorbereiten.

2. Trotz ist positiv

Das Wort Trotz kommt von trutzen, tratzen – sich wehren. Es ist eine Form der *Ich-Behauptung*, ein Sich-Wehren gegen fremde Gebote und Verbote.

Wer kindliche Fehlhaltungen abfangen will, muss sich zunächst einmal darüber im Klaren sein, dass Trotz nichts „Böses" ist, und deshalb auch nicht mit allen pädagogischen Mitteln unterdrückt und ausgerottet werden muss. Das Trotzalter ist ein normales Entwicklungsstadium in unserer Kultur. Trotz ist die natürliche Folge einer abwehrenden

Willensfunktion. Durch Trotz wird u. a. die Fähigkeit entwickelt, selbst zu planen, Entschlüsse zu fassen und konsequent zu handeln. Das Kind sagt plötzlich „ich“. Bis dahin hat es mit seinem Namen Wünsche geäußert. „Markus will haben!“, „Miriam hat Hunger.“

„Nein“ wird zum Lieblingswort in dieser Phase

Auf alle Fragen antwortet das Kind mit „Nein“. Man spürt den Stolz des Kindes, einen eigenen Willen zu haben. Es ist der Ausgangspunkt für selbstständiges Denken und die Bildung einer eigenen Meinung. Es gibt genügend Untersuchungen, die bestätigen, dass willensschwache Kinder in dieser Phase unselbstständig gemacht wurden, dass ihnen eigenständiges Denken und Wollen nicht erlaubt wurden.

Durchsetzungskraft gehört zu jedem Menschen

Sie fällt uns nicht in den Schoß. Sie muss eingeübt werden. Ein Kind, das sich der Mutter mit Eigensinn und Abwehr entgegenstellt, verteidigt, wenn auch in unerfreulicher und verbesserungsbedürftiger Form, die eigene kleine Persönlichkeit gegen den übermächtigen, fremden Willen, der seine Selbstständigkeit bedroht. Wenn aber das Kind Auflehnung in dem Alter zeigt, ist das im Grunde ein bewunderungswürdiges Verhalten. Es gehört doch *Mut* dazu, sich als *Zwerg* gegen die *Riesen* zur Wehr zu setzen. Sie stehen buchstäblich „haushoch“ über ihm. Was würde wohl ein Erwachsener empfinden, wenn er sich mit solchen „Übermenschen“ konfrontiert sähe?

3. Ichhaftigkeit tut not

Der Weg vom so genannten unschuldigen Kind zur reifen, leistungsfähigen Persönlichkeit führt über die *Ichhaftigkeit.*

An der Gesellschaft, an Seinesgleichen, am Leiden entsteht das Bewusstsein seiner selbst. Eltern sollten deshalb darauf bedacht sein, dass ihre Erziehung nicht dazu führt, dass aus der Ichhaftigkeit der Kinder Sturheit wird. Der frühzeitige Erwerb des „Nein“ ist für die kindliche Normalentwicklung wichtig.

Die Versagungen durch die Mutter sollten altersgerecht sein, damit das kindliche Ich in seinen Fähigkeiten gestärkt wird, auf unmittelbare Bedürfnisbefriedigung zu verzichten und nach und nach Einschränkungen zu ertragen. Die Psychoanalyse spricht in diesem Zusammenhang davon, dass das Lustprinzip vom Realitätsprinzip abgelöst werden muss. Lernt das Kind nicht, sich in Versagungen zu üben, so bleibt es triebhaften Impulsen ausgeliefert.

Die beiden Extreme elterlicher Fehlerziehung sind: Eine zu strenge Erziehung, die eine krankhafte Triebunterdrückung bewirkt, und eine zu lasche Erziehung, die eine Triebüberflutung nach sich zieht.

Das Kind muss durch eine Widerspruchsperiode hindurch. Man könnte die gesamte Lebenseinstellung mit drei Worten kennzeichnen: Ich will nicht. Alle Leitlinien sind negativ. Das Kind ist der Meinung, es könnte durch Verneinung alle Lebensprobleme lösen.

Die pädagogischen Bemühungen dieser Phase müssen darin bestehen, den Frieden zwischen Kind und Eltern herzustellen und Kampf zu vermeiden. Kinder befinden sich im Machtkampf mit den Erwachsenen und gerade in der Zeit der Ich-Findung versuchen sie ihre Überlegenheit zu demonstrieren. Eltern und Erzieher, die sich auf einen Wett- und Machtkampf einlassen, werden besiegt. Dem Kind stehen mehr Mittel und Möglichkeiten als dem Erwachsenen zur Verfügung.

Nun gibt es nicht wenig Erwachsene, die resignieren, die es mit Zureden und Ablenkung versuchen. Andere erkaufen sich mit Belohnungen den Gehorsam des Kindes, was taktisch unklug ist. Das Kind hat den Erzieher in der Hand. Es kann die Belohnungen beliebig steigern und verleitet den Erzieher dazu, immer größere Kompromisse zu schließen. Schließlich platzt den Eltern oder dem Pädagogen der Kragen und sie greifen zum bewährten Hausmittel aus der autoritären Zeit zurück: Sie prügeln.

Es erübrigt sich zu wiederholen, dass solche Strafen wirkungslos sind. Was es zu einer positiven Beilegung des Kampfes braucht, sind vielmehr Mut, Vertrauen und Gelassenheit. Leider fürchten viele Eltern und Pädagogen oft um ihre Autorität und ringen mit falschen Mitteln um ihre Überlegenheit.

4. Was Eltern vermeiden müssen

Das Trotzalter wird von sehr vielen Erwachsenen falsch verstanden. Es ist die erste, noch ungebändigte Äußerung eines eigenen Willens beim Kind. Infolgedessen muss der Trotz *nicht gebrochen*, sondern in richtige Bahnen *gelenkt* werden. Es handelt sich um die Phase, während der Eltern oft unwissentlich falsch reagieren, weil sie glauben, durchgreifen zu müssen und dann auch dementsprechend autoritär sind.

Freiheit ist ein Wort, das Erwachsene ständig im Munde führen, wovon sie jedoch überzeugt sind, dass es auf Kleinkinder um das dritte Lebensjahr nicht anwendbar ist. Kinder haben *keine* eigene Meinung zu haben, sie sollen die Anweisungen der Erwachsenen respektieren und dem Ideal der

Eltern entsprechen. Nicht wenige Erzieher sind auch davon überzeugt, dass sie den Willen der Kinder „brechen" müssen. Denn „was Hänschen nicht lernt, lernt Hans nimmermehr". Trotz muss man – wie sie meinen – im Keim ersticken, wenn einem die Kinder nicht über den Kopf wachsen sollen.

Allein der letzte Nachsatz sollte jeden vernünftigen Erwachsenen unruhig machen. Sollen uns unsere Kinder wirklich nicht überflügeln?

In einer autoritären Gesellschaft, wo „Ruhe die erste Bürgerpflicht", Unterordnung, Hörigkeit und Gefolgschaft großgeschrieben wurden, mochte diese Erziehung nützlich sein. Der rückgratlose und willenlose Staatsbürger war das Ideal für Diktaturen und Regierungen verschiedenster Prägungen. Eine moderne Erziehung jedoch sollte diese alten Erziehungszöpfe radikal abschneiden.

Es hilft nicht, einen kleinen Trotzkopf solange zu prügeln, bis er aus Schwäche nachgibt, denn dann ist zugleich mit dem Trotz etwas viel Wichtigeres gebrochen worden: das Zutrauen in die Erwachsenen und die Widerstandskraft all jenem gegenüber, dem das Kind einmal wirklich widerstehen soll. Statt zu erziehen, hat man etwas verdorben.

Leider sind ja die Kinder von vornherein benachteiligt. Die Eltern sind von ihren Fähigkeiten und Einsichten überzeugt, und die „dummen" Kinder werden beschimpft, geschlagen und ungerecht behandelt, weil sie den Vorstellungen der Erzieher nicht entsprechen. Eltern, die ihre Übermacht ausspielen, treiben einen Keil zwischen sich und ihr Kind. Ganz allmählich ändert es seine Taktik, sagt nicht mehr, was es denkt, versucht aber auf seine Weise, Überlegenheit zu zeigen. Vielleicht sind solche Kinder zu Hause brav und in der

Schule Rowdys, zu Hause „Engel“ und auf der Straße „Bengel“. Sie haben sich angepasst, sie entsprechen der Übermacht ihrer Eltern, exerzieren aber auswärts ihren Widerstand.

Gefügigkeit des Kindes sollte auf keinen Fall idealisiert werden. Sie macht lebensunfähig und bringt Kindern und Erwachsenen mehr Ärger als Freude. Gefügigkeit ist ein Zeichen von Entmutigung. Der Mutige ist weder gefügig noch trotzig, er tut, was er für recht hält. Deshalb sollte Mut eines Ihrer Erziehungsziele sein. Das mutige Kind übernimmt Verantwortung, das mutlose und gefügige Kind schließt sich an, ordnet sich unter, scheut die Verantwortung und lässt sich manipulieren.

Aber auch elterliche *Nachgiebigkeit* kann Kinder zu Drückebergern erziehen. Nachgiebigkeit macht abhängig. Mit der Nachgiebigkeit buhlt die Mutter um die Liebe und die Gefügigkeit des Kindes. Es bleibt im Schlepptau und wird unselbstständig. Das gefügig gemachte Kind wird dann kommandiert und wächst als Befehlsempfänger heran und schiebt alle Verantwortung auf andere. Solche Kinder sind ohne Initiative, geraten schon bei kleinen Misserfolgen aus der Fassung und werden später als Ehepartner gute Pantoffelhelden.

Für alle pädagogischen Bemühungen ist entscheidend, dass Eltern niemals etwas übernehmen, was Kinder selbst leisten können. Das Kind muss selbstständig arbeiten, forschen und Erfahrungen sammeln. Nur wenn es Eltern gelingt, dem Kind zu Verantwortungsbewusstsein zu verhelfen, wird Gefügigkeit abgebaut, ehrlicher Gehorsam jedoch gefördert. Wenn Mütter ihrem Kind jeden Willen beschneiden, sollten sie sich fragen, was sich hinter ihrer Haltung verbirgt.

Es ist kein Zufall, dass gerade Kinder überängstlicher Mütter oft besonders eigensinnig sind. Das Kind darf kein Dreirad besteigen, weil es damit stürzen könnte. Es darf nicht auf die Straße, weil es dort überfahren werden könnte; es darf hundert Spielsachen nicht benutzen, weil sie zu gefährlich sind.

Kinder solcher Mütter entwickeln automatisch größere Abwehr, sind trotziger und bockiger, kämpfen mit tauglichen und untauglichen Mitteln für ihre Bewegungsfreiheit und Selbstständigkeit. Es wundert keinen Erziehungsberater, wenn jene Mütter an ihren „ungeratenen" und „eigensinnigen" Kindern kein gutes Haar lassen. Hier ist Trotz eine typische Re-Aktion.

Die Psychologin Prof. Dr. Lilly Kemmler hat 500 Trotzkinder untersucht und kam zu dem verblüffenden Ergebnis, dass bis auf einen einzigen Fall alle Trotzanfälle durch die Anforderungen der Erwachsenen ausgelöst wurden. Kinder trotzen nicht gegen sich selbst. Das „Nein" gilt ausschließlich den Befehlen der Mutter, des Vaters oder der Erzieher im Kindergarten.

Amerikanische und deutsche Forschungen sind den Anlässen zu Trotzanfällen nachgegangen. Sie fassten vier wesentliche Auslösungsmomente zusammen, die alle Eltern und Erzieher beherzigen sollten:

Auslöser 1: Einmischungen in die körperliche Betätigung des Kindes

Das Kind malt und Mutti nimmt den Stift, um aus der Kritzelei ein vernünftiges Bild zu gestalten. Sie baut für das Kind den Turm oder nimmt ihm die Seife aus der Hand, um es zu waschen.

Auslöser 2: Umstellungen in der gewohnten Ordnung

Das kleine Kind hat sich an bestimmte *Ordnungen*, an bestimmte Plätze und an einen bestimmten Rhythmus gewöhnt. Jede Umstellung macht das Kind verwirrt, es reagiert mit Zorn. Es ist ein weitverbreiteter Irrtum zu glauben, dass Kinder stets gegen die Ordnung ankämpfen. Kinder können penetrant auf die Einhaltung bestimmter Sitzordnungen und Rituale pochen. Der falsche Stuhl, die falsche Tasse, die falsche Gabel oder der falsche Bleistift lösen Zorn aus.

Auslöser 3: Wegnahme oder Verweigern gewünschter Gegenstände

Das Kind hat noch keinen Zeitbegriff. Das Ausleihen des Spielzeuges an Geschwister stößt auf Widerstand. Es glaubt, endgültig die Sachen verloren zu haben. Das Kind soll seine Spielsachen wegräumen. Es kann sich aber nicht in die Zeitpläne der Eltern einordnen, weil ihm das Zeitgefühl und das Gefühl für das Diktat der Uhr fehlen.

Auslöser 4: Durchkreuzen eines kindlichen Planes

Das Kind lebt in einer anderen Welt. Unsere schönsten Geschenke, Pläne und Vorstellungen stoßen auf schärfsten Widerstand, wenn der augenblickliche Spielplan durchkreuzt wird.

Laute und stille Kinder

Es gibt Antriebe, Bedürfnisse und Bestrebungen, die uns in verschiedener Stärke mit auf den Lebensweg gegeben sind. Eltern, die starrköpfige Kinder haben, sind meist davon überzeugt, dass sie das geerbt haben. Sie sprechen von einer „schlechten Veranlagung“. Davon kann aber keine Rede sein.

Was diese Kinder geerbt haben, sind bestenfalls Robustheit, Energie und Willenskraft. Wenn diese Vitalkräfte aber ins Negative umschlagen, wenn eine elterliche Fehlerziehung diese Anlagen negativ auflädt, dann kommen Starrköpfigkeit, Verstocktheit und Jähzorn dabei heraus. Anders verhalten sich Kinder, die von Haus aus zart, weichlich und sensibel sind. Sie würden niemals eine offene Auflehnung wagen. Sie verhalten sich passiv und leisten verdeckten und versteckten Widerstand. Die Ursachen sind die gleichen: Das Kind fühlt sich enttäuscht, unverstanden und verkehrt behandelt, aber es reagiert anders als das trotzige Kind. Es ist in tiefster Seele unglücklich und seine Fügsamkeit ist nur Schein. Es frisst allen Kummer in sich hinein, verkriecht sich ins Schneckenhaus und kommt schwer aus sich heraus.

Das stille Kind ist also nur scheinbar brav. Es kämpft mit anderen Mitteln und anderen Waffen als das bockige und störrische. Die „Flucht" ins Schneckenhaus, die „Flucht" in die Stille ist sehr oft mit „Flucht" in die Krankheit verbunden. Es klingt übertrieben, wenn man behauptet, es produziert Krankheiten: Fieber, Bauchweh, Kopfschmerzen und Asthma. Das wird durchaus *nicht* inszeniert, dahinter steckt keine ausgeklügelte Bosheit, es ist eine unbewusste Reaktion mit entsprechenden Konsequenzen. Das stille, folgsame und überbrave Kind ist gefährdeter als das robuste und starrköpfige, weil die Fehlerziehung schwerer erkannt und leichter übersehen wird und weil die Ursachen der Erkrankungen oft falsch interpretiert werden.

Konsequenz in der Trotzphase

Die Engländer nennen dieses Alter „The terrible Twos", die schrecklichen Zweijährigen. Die Trotzphase wird etwa zwischen ein und fünf Jahren angesetzt. Viele Eltern können ein Lied davon singen, welche Schwierigkeiten in diesem Altersabschnitt auftreten können. Was erleben sie bei den Kleinen?

- Zornesausbrüche,
- Weinkrämpfe,
- Wutausbrüche,
- Trotzreaktionen.

Der Trotz gehört zum Kleinkindalter wie der Wind zum Meer. Das Kind lernt,

- Ablehnung auszuhalten,
- Einsamkeit zu akzeptieren,
- zu verkraften, dass die Wünsche durchkreuzt werden,
- sich von den Eltern abzulösen.

Es ist die „Autonomiephase". Das Kind grenzt sich ab. Es lotet Grenzen aus und lernt „ich" und „nein" zu sagen. Weil das häufig mit Übertreibungen verbunden ist, gibt es Auseinandersetzungen auf beiden Seiten. Eltern kennen ihre artigen und liebenswürdigen Kleinen nicht mehr wieder. Aus den niedlichen Engeln sind plötzlich kleine Teufel geworden. Sie verstehen es meisterhaft, die Eltern auf die Palme zu bringen und ihre Nerven blank zu legen.

Die Kleinen, die plötzlich groß spielen und *alles* selber machen, *alles* selber können wollen, bringen sich und die Eltern in heftige Machtkämpfe. Was können Sie tun? Was sollten Sie bedenken? Einige kurze Tipps werden hier noch einmal zusammengefasst.

Tipp Nr. 1: Fangen Sie nicht an zu argumentieren!

Wenn Sie argumentieren, gießen Sie nur Öl ins Feuer. Kinder müssen lernen, mit ihrer Enttäuschung klarzukommen. Kinder spielen die Großen und greifen zu weit. Sie gebärden sich wie Erwachsene und sind enttäuscht, dass ihnen vieles nicht gelingt.

Tipp Nr. 2: Machen Sie sich nicht lustig!

Viele Kinder werden wütend, weil sie eine schreckliche Ohnmacht gegenüber den Erwachsenen entdecken. Sie wollen sich die Schuhe selbst zubinden, oder sie wollen einen Legoturm bauen und es gelingt nicht. Wutentbrannt schlagen sie alles zusammen. Sie sind auf sich, auf die Eltern und alles wütend. Wer sich jetzt über das Kind lustig macht, verletzt seine Seele. Es leidet, wenn es nicht ernst genommen wird.

Tipp Nr. 3: Versuchen Sie nicht, das Kind zu beruhigen!

Viele Eltern – besonders Mütter – verspüren den inneren Impuls, das wütende Kind zu beruhigen. Sie nehmen es in den Arm und reden ihm gut zu. Aber Kinder müssen lernen, diese inneren und äußeren Spannungen auszuhalten. Außerdem werden die Zärtlichkeiten in der Regel vom Kind zurückgewiesen.

Tipp Nr. 4: Nehmen Sie die Wutanfälle nicht persönlich!

Je mehr Eltern und Erzieher sich persönlich herausgefordert und angegriffen fühlen, desto heftiger führen alle zwischenmenschlichen Aktionen zum Machtkampf. Sicher kann es hier und da auch hilfreich sein, die persönliche Verärgerung nicht nur artig herunterzuschlucken, sondern auch mal ärgerlich dem Kind zu zeigen, was es sich erlaubt. Das Kind muss lernen,

- Erwachsene sind auch Menschen,
- Erwachsene schlucken nicht alles kommentarlos,

- Erwachsene haben auch Gefühle, die sie laut und deutlich äußern können.

Doch dann sollten Sie wieder Abstand gewinnen und sich bewusst machen, dass es hier um eine Entwicklungsphase Ihres Kindes geht. Seien Sie froh, dass Ihr Kind so reagiert. Es reagiert gesund. Es verhält sich normal. Diese Phase muss bewältigt und gemeistert werden.

Tipp Nr. 5: Lassen Sie sich nicht durch Trotzanfälle erpressen!

Das Kind lernt augenblicklich aus Ihren Reaktionen und zieht Schlüsse aus dem, was Sie tun. Führen Trotzanfälle Ihres Kindes dazu, dass Sie nachgeben und es mit Süßigkeiten und Wunscherfüllungen belohnen, wird das Kind unter Umständen seine Wutanfälle und Zornreaktionen noch steigern. Es hat gelernt, dass sich Trotzanfälle lohnen, dass Trotzanfälle von genervten Eltern belohnt werden. Kinder prägen sich schnell ein, dass sie Zuwendung und Aufmerksamkeit bekommen, wenn sie Widerstand leisten und Krawall machen. Werden sie älter, setzen sie diese Verhaltensmuster unter Umständen bewusst ein.

Nachgeben um des lieben Friedens willen

Diesen Satz kennen viele Eltern aus dem Erziehungsalltag. Kinder haben die besseren Nerven. Sie verstehen es, uns mit Betteln, Bitten, Tränen und penetranten Wunschwiederholungen zu löchern. Wenn sie uns löchern, beweisen sie unschlagbare Geduld. Vater und Mutter mögen den Kopf schütteln und deutlich machen, dass der Wunsch des Kindes nicht erfüllt werden kann. Aber das Kind kennt seine Eltern. Das Kind wird nicht durch dringende Aufgaben abgehalten. Es hat Zeit, viel Zeit sogar und bleibt hart am Ball.

„Mami, ich möchte aber so gerne ... ."

Um ihr Ziel zu erreichen, können Kinder

- *schmusen,*
- *jammern,*
- *schimpfen,*
- *mit dem Fuß aufstampfen,*
- *schluchzen.*

Jeder Vater, jede Mutter hat Schwachstellen. Kinder sind wie Detektive. Jedes Kind weiß instinktiv, was es machen muss, um den Vater oder die Mutter, die Großmutter oder den Großvater mit einer der genannten Taktiken weichzuklopfen.

- Der eine reagiert auf Schluchzen,
- der andere auf Schmusen,
- der eine lässt sich erpressen,
- der andere lässt sich beschwatzen.

Wer um des lieben Friedens willen nachgibt, ermutigt sein Kind, bei anderen Gelegenheiten wieder seinen Willen durchzusetzen. Nachgiebigkeit um des lieben Friedens willen bewirkt das Gegenteil, nämlich Unfrieden. Das Kind setzt sich durch, es hat seinen Willen bekommen. Vater oder Mutter sind in der Regel wütend auf sich selbst und auch wütend auf das Kind, das ihre Nachgiebigkeit so schamlos ausgenutzt hat.

In der Zeitschrift FAMILIE & CO. gibt Almut Siegert einige hilfreiche Tipps, wie Eltern und Erzieher gegensteuern können. Sie schreibt:

„Wenn Kinder aber Regeln gekonnt ignorieren, bis uns der Kragen platzt, dann liegt das meist an uns, an den Eltern –

weil wir es sind, die sich nicht konsequent und folgerichtig verhalten. Diese Strategien helfen, Kinder konsequent zu erziehen.“ [4]

Ihre fünf Tipps lauten:

Tipp Nr. 1: Klare Werte

Vermeiden Sie zweideutige Sprache. Keine unklaren Bitten, keine missverständlichen Aufforderungen. Keine Wünsche in Frageform: „Könntest du uns vielleicht abtrocknen helfen?“, sondern klare Worte:

„Hilf mir bitte!“
„Decke bitte jetzt den Tisch!“

Höflich, aber bestimmt.

Tipp Nr. 2: Taten statt zu viele Worte

Wir reden und erklären oft Dinge, die Kinder gar nicht verstehen oder wissen wollen. Wir entschuldigen uns und reden, statt Taten folgen zu lassen. Wir reden, weil wir nicht autoritär erscheinen wollen. Wir verwechseln Höflichkeit mit Entscheidungsschwäche.

- Kinder *brauchen* klare Richtlinien.
- Kinder *wollen* klare Richtlinien.

Tipp Nr. 3: Besonnenheit

- Wer *nachgibt*,
- wer *zu viel redet*,
- wer ärgerlich *aus der Haut fährt*,

greift plötzlich hart und unbarmherzig durch. Ihm rutscht die Hand aus oder er schreit seinen Nachwuchs unangemessen an. Das Klima wird unnötig verschärft. Die

Unbesonnenheit ist eine Folge falscher Entscheidungen. In der Regel sind Tipp 1 und Tipp 2 nicht eingehalten worden. Darum: Besonnenheit. Liebevoll fest und klar und selbstsicher Anordnungen treffen.

Und wenn Sie doch wieder die „Ideale" der Erziehung verletzt haben?

Fehler gehören zum Leben. Wer fehlerfrei sein will, muss die Erde verlassen. Gott ist mit uns barmherzig, seien wir es mit uns auch.

Tipp Nr. 4: Liebe statt Nachgiebigkeit!

Verwechseln Sie bitte nicht Liebe mit Nachgiebigkeit!

- Liebe aus falschem *Mitleid*,
- Liebe aus *Schwäche*,
- Liebe aus *Angst*

ist keine Liebe.

- Liebe setzt Grenzen.
- Liebe trifft klare Entscheidungen.
- Liebe ist wahrhaftig.

Wie sagt die Bibel so treffend? „Eure Rede sei: Ja, ja; nein, nein. Was darüber ist, ist vom Teufel!" (Matth. 5, 37)

Tipp Nr. 5: Altersgemäße Forderungen

Dazu schreibt Almut Siegert:
„Kinder können nur entsprechend ihrer seelischen und geistigen Entwicklung Konsequenzen verstehen. Deshalb brauchen sie Eltern, die aufmerksam beobachten, die fordern, aber nicht überfordern. Ein Beispiel: Ein Kindergartenkind würde man wegen eines Wutausbruches bei einem Brettspiel mit guten Worten ermuntern, das Spiel fortzusetzen.

Bei einem Achtjährigen wird man eine ausreichende Selbststeuerung voraussetzen, so dass man konsequent eine Entschuldigung für den Wutausbruch verlangen kann." [5]

Fallen Sie Ihrem Ehepartner nicht in den Rücken!

Wenn die Erziehungs-Chemie zwischen Vater und Mutter nicht stimmt, nutzen Kinder sofort die Situation aus und spielen ein Elternteil gegen das andere aus. Wie bereits erwähnt, sind Erziehungsunterschiede der Eltern häufig Anzeichen für Schwierigkeiten in der Ehe.

- Mann und Frau haben Konflikte,
- Mann und Frau liegen im Machtkampf,
- Mann und Frau tragen Eheprobleme auf dem Erziehungsfeld aus,
- Mann und Frau buhlen um die Kinder, weil ihre Ehe in der Krise ist.

Da ist z. B. André. Er ist der älteste von drei Geschwistern. Seine Schwester ist zwei Jahre jünger und sein kleiner Bruder vier Jahre. André, der manchmal ein richtiger Filou ist, ist der Lieblingssohn der Mutter, die offensichtlich stark zu ihm hält; seine Schwester hingegen steht dem Vater sehr nah.

André hat sich ein teures Fahrrad erarbeitet, das er wie seinen Augapfel beschützt. Er hat es stundenlang geputzt; nun steht es glänzend vor der Garage, wo die Schwester mit einer Freundin abwechselnd Bälle in den Basketballkorb wirft, der oberhalb des Garagentores angebracht ist.

Plötzlich trifft der Ball der Schwester Andrés Fahrrad. Es kippt um, und das Glas des Fahrradscheinwerfers zersplittert. Vater und Sohn haben den Knall gehört und laufen aus dem Haus, um zu sehen, was vorgefallen ist. André hat sofort das Unglück erkannt und die Schwester als Schuldige ausgemacht. Er ist maßlos wütend, nimmt eine Holzlatte, die an der Wand steht und schlägt mehrere Male schimpfend auf seine Schwester ein. Der Vater sieht, dass der Dreizehnjährige seine elf Jahre alte Schwester mit einer Holzlatte misshandelt. Ohne zu überlegen, reißt er seinem Sohn die Latte aus der Hand, legt ihn übers Knie und drischt nun mit der Latte auf André ein. Inzwischen ist die Mutter aus dem Haus gekommen und greift empört ihren Mann an: „Wir haben uns schon hundertmal darüber unterhalten, dass es körperliche Strafen bei uns nicht gibt. Du hast ja jedes Maß verloren. Wie kann man nur so unvernünftig handeln!"

Der Mann wirft wütend die Holzlatte auf die Erde und geht – vor sich hin murmelnd – ins Haus. Die Mutter nimmt ihren Ältesten in den Arm und tröstet ihn. Die Tochter richtet weinend das Fahrrad auf und sucht die Glassplitter zusammen.

Was zeigt diese Geschichte?

1. Weil Vater und Mutter in der Familie jeweils ein Kind vorziehen, kommt es leicht zu ungerechten Übergriffen. Vater sieht, dass seine Tochter vom älteren und stärkeren Bruder geschlagen wird. Er greift ohne Klärung ein und verprügelt seinen Sohn.

2. Die Mutter kommt hinzu und ergreift sofort Partei gegen ihren Mann für ihren Sohn. Sie fällt dem Partner in den Rücken und beschimpft sein Erziehungsverhalten. Die Kinder stehen hilflos daneben oder stellen sich jeweils auf die Seite des Lieblingselternteils.

3. Wenn Ehekonflikte bestehen, sind solche Parteiungen Gift für den Fortbestand der Ehe. Darum gilt die Regel: Das

Kapitel 5

Wie motiviere ich mein Kind?

Die Frage der Motivation ist zum Schlüsselwort in Pädagogik, Psychologie, Schule, Wirtschaft und Menschenführung geworden.

- Wer motivieren kann, *fördert*,
- wer motivieren kann, *begeistert*,
- wer motivieren kann, *verstärkt* bestimmte positive Einstellungsmuster,
- wer motivieren kann, *baut* eine Persönlichkeit *auf*.

Woran liegt es, dass sich viele Kinder in Familie und Schule

- unmotiviert,
- desinteressiert,
- gleichgültig,
- unkonzentriert und
- widerstrebend

verhalten?

Der Schulerfolg und die geistige Leistung eines Kindes setzen sich aus drei Hauptfaktoren zusammen:

- den *Fähigkeiten* oder der *Intelligenz*, die jedoch zum Erfolg nicht allein ausreichen;
- den *Methoden*, also der Art und Weise, wie die Aufgaben angepackt, geplant und durchgeführt werden;
- den *Motivationen*, von denen im Folgenden eingehend die Rede sein soll.

Was heißt Motivation?

Der Begriff Motivation taucht heute im Sprachgebrauch immer häufiger auf. Motivation ist ein Begriff, der die

Zusammenhänge eines seelischen Geschehens zu erklären versucht.

- Motivation ist der Beweggrund für ein Geschehen,
- Motivation ist der Beweggrund für ein Handeln,
- Motivation steckt hinter jedem Verhalten,
- Motivation steckt hinter positiven Verhaltensweisen,
- Motivation steckt hinter negativen Verhaltensmustern,
- Motivation steckt hinter Strenge und hinter Nachsichtigkeit,
- Motivation steckt hinter Liebe, auch hinter falsch verstandener Liebe,
- Motivation steckt hinter Trotz,
- Motivation steckt hinter Ordnungsfanatismus,
- Motivation steckt hinter Unordnung und Faulheit,
- Motivation steckt hinter Sündenbock-Denken.

Bewusste oder meist unbewusste Motive, Beweggründe, Antriebe, Ursachen, Zwecke, Leitgedanken stecken hinter unserem Handeln. Im schulischen Zusammenhang meint Motivation die *Lernbereitschaft* und *Lernfreudigkeit*. Motivation ist der Motor zum Lernen. Im weitesten Sinne umschreiben wir mit Motivation:

- Interesse,
- Freude,
- Lernwille und
- Angesprochensein.

Gegenüber dem Tier liegen die Antriebskräfte beim Lernen stärker in geistigen Begriffen und nicht in vitalen Urbedürfnissen. Verhaltensforscher brachten Ratten, Mäuse, Katzen sowie Affen zum Lernen, indem sie die starken biologischen Triebe und Bedürfnisse, wie Hunger, Durst und

Begattungstrieb als Motor benutzten. Welche Motivationen spielen aber beim Kind eine Rolle?

Ich kann Motivation kausal und final erklären

Schon der Begriff macht auf beide Bedeutungen aufmerksam.

Motivation meint den Beweggrund.
Motivation meint auch die Zielrichtung des Beweggrundes.

Frage ich nach den *Beweggründen*, so frage ich:

- „Was war das *Motiv* für dieses oder jenes Verhalten?"
- „Was hat das Verhalten *verursacht*?"
- „*Warum* handelt ein Kind so oder so?"
- „*Warum* ist das Kind desinteressiert?"
- „*Warum* ist das Kind nicht motiviert?"

Frage ich nach der *Zielrichtung* der Motivation, frage ich:

- „*Wozu* tut das Kind dieses oder jenes?"
- „Was will das Kind mit diesem oder jenem Verhalten *bezwecken*?
- „*Wozu* redet Bernd in der Klasse dazwischen?"
- „*Wozu* stört er den Unterricht?"
- „*Was will er erreichen*, wenn er sich unmotiviert zeigt?"

Pädagogisch ist es hilfreich, in erster Linie *final* (zielgerichtet) zu fragen. Denn jedes Verhalten von Kindern und Erwachsenen wird unbewusst von bestimmten Motiven, von bestimmten Zielen oder Zwecken gesteuert. Nicht immer wissen Kinder und Erwachsene, was sie motiviert, was sie antreibt. Aber an den *Handlungen* können wir leicht die unbewussten, unverstandenen Ziele erkennen.

- Will der Mensch Aufmerksamkeit und Beachtung erhalten?
- Will er Überlegenheit und Macht demonstrieren?

- Will er Rache üben?
- Will er seine Unfähigkeit beweisen?

Die Motivation verläuft kausal wie final weitgehend unbewusst

Was uns kausal oder final motiviert, läuft weitgehend unbewusst, unverstanden ab. Mit anderen Worten: Die Gründe unseres Verhaltens sind weitgehend für uns selbst unerklärlich. Wir selbst durchschauen oft nicht die Zusammenhänge, wir erkennen nicht die Hintergründe. Und es wird uns kaum gelingen, die versteckten Ziele unseres Verhaltens zu erklären.

Versuchen Sie als Eltern, auf die verschiedenen Fragen nach Ihren Motivationen Antwort zu geben:

- Warum bin ich als Vater oder Mutter bei dem Kind so ungeduldig? Was steckt dahinter? Was drücke ich damit aus?
- Fühle ich mein Erzieherverhalten als Lehrer in Frage gestellt, wenn ich das Kind nicht integrieren kann?
- Warum will ich als Elternteil oder Lehrer bei dem Kind mehr erreichen, als es leisten kann? Warum bin ich unzufrieden mit einem Kind oder mit allen Kindern?
- Kann ich alle meine Verhaltensmuster und Reaktionen gegenüber den Kindern von den Motivationen her erklären? Wozu bin ich z. B. weich und nachgiebig?
- Wozu überlasse ich meinem Partner die Verantwortung?
- Warum drücke ich mich vor bestimmten Entscheidungen in der Erziehung?

Wir brauchen oft viel Zeit und langes Nachdenken, um unseren eigenen Motivationen wie auch den Motiven der Kinder auf die Spur zu kommen.

Was hindert die Motivation?

1. Die Lernmotivation wird eingeschränkt, wenn Furcht und Angst durch Drohungen in verschiedener Form entfacht werden oder wenn ein Kind durch Abwertung entmutigt wird.
   - Wenn Eltern und Erzieher dem Kind zu verstehen geben, dass seine Anstrengungen keine Aussicht auf Erfolg haben.
   - Wenn Eltern und Erzieher dem Kind sagen: „Du wirst das zwar niemals begreifen, aber ... ."
   - Wenn Eltern und Erzieher dem Kind sagen: „Wenn du kein Interesse hast, dann lass es bleiben, dann wirst du eben Hilfsarbeiter."
   - Wenn Eltern und Erzieher dem Kind sagen: „Du verstehst so viel von Mathematik wie die Kuh vom Sonntag. Du hast Glück, wenn du die Hauptschule ohne Sitzenbleiben schaffst."
   - Wenn Eltern und Erzieher dem Kind sagen: „Bis zu den Zeugnissen sehen wir uns die Schlamperei noch an, dann gehst du zurück auf die Hauptschule!"

2. Die Lernmotivation wird eingeschränkt, wenn Kinder nicht über den Zeitraum des gemeinsamen Übens mitentscheiden dürfen und wenn Lernen gewissermaßen als Strafe verhängt wird.

   „Heute Abend gibt es kein Fernsehen, da wird erst einmal geübt!"

   „Ein Wochenende mit Freunden ist für dich gestrichen, da wird Latein gepaukt!"

   „Mit Faulenzen kommt man im Leben nicht weiter, jeden Abend wird in dieser Woche geübt, da kannst

du zeigen, ob du überhaupt Interesse an der höheren Schule hast!"

Die Eltern reagieren ihren Unmut an den Kindern ab. Das Interesse an der Arbeit wird auf diese Weise schon im Vorfeld untergraben.

Und wie könnten Eltern stattdessen mit ihren Kindern sprechen?

„Ich habe heute Abend eine Stunde Zeit für dich. Sollen wir uns gemeinsam die englischen Vokabeln vorknöpfen?"

„Die letzte Arbeit zeigt einige Mängel in Grammatik. Sollen wir beide die Arbeit nochmal durchgehen?"

„Für das gemeinsame Üben wollen wir uns etwas Zeit nehmen. Was schlägst du vor, wie lange wir zusammensitzen sollen?"

3. Die Lernmotivation wird gehemmt, wenn Eltern wiederholt die Meinung des Kindes nicht akzeptieren und respektieren. Viele Eltern kehren unbewusst ihre *Überheblichkeit* heraus, wenn sie die Meinung der Kinder ignorieren, lächerlich machen oder bewerten.

   Der Vater sagt:

   „Was du über den Paragraphen 218 schwätzt, kennzeichnet mal wieder deinen jugendlichen Unverstand."

   Warum kann der Vater nicht sagen:

   „Das ist sehr interessant, deine Meinung über Abtreibung zu hören. Du hast dir anscheinend darüber Gedanken gemacht. Kannst du Näheres dazu sagen?"

   „Du beziehst sehr konsequent eine Gegenposition. Mich interessiert, wie du sie begründest."

4. Die Lernmotivation wird eingeschränkt, wenn die *Neugier* des Kindes gehemmt wird.

   Der ursprünglichste und wichtigste Grund der Lernmotivation ist die Neugier. Das Kind will die Welt kennenlernen, will alles *begreifen*, und zwar in jeder Beziehung. Von daher sind seine Tage erfüllt mit

   - Forschung,
   - Entdeckung,
   - endlosen Fragereien.

   Die Neugier des Kindes bedeutet, dass es nicht träge, faul und von Geburt an desinteressiert ist. Durch Überforderung, negative Einstellung zur Arbeit und Druck können wir allerdings die anlagebedingte Neugier unterhöhlen. Und dieser Abnutzungsprozess des Neugierverhaltens setzt in der Regel schon sehr früh ein. Wodurch kann die Neugier untergraben werden?

   - Durch *Überfütterung*
     Das Kind wird mit Wissen vollgestopft, weil Eltern angelerntes Wissen mit Intelligenz verwechseln.
   - Durch *Überforderung*
     Die Eltern wollen ein Musterkind heranbilden. Sie wollen – zweifellos in guter Absicht – das Beste aus dem Kind herausholen.
   - Durch *Leistungssteigerung*
     Das Kind soll schon mit acht Jahren komplizierte Geschichten lesen und verstehen können. Lesen ist anregend und interessant. Wäre es nicht so, würden nicht jedes Jahr Millionen von Büchern gekauft und gelesen. Aber die Bücher sollten altersgemäß ausgesucht werden.

- Durch *Ablehnung der kindlichen Fragen*
  Antworten auf Fragen zu finden, ist beglückend. Das Kind will Erfahrungen sammeln und weiterkommen. Es will groß werden und mithalten können.

5. Die Motivation kann auch eingeschränkt werden durch eine *mangelnde Kooperation* des Kindes.

   Kooperation heißt:

   - Zusammenarbeit,
   - Mitarbeit,
   - Teilnahme und
   - Verantwortungsbereitschaft

   Kooperation und Motivation bedingen sich wechselseitig.

Mangelnde Motivation zeugt auch von mangelndem Interesse. Wodurch aber wird mangelndes Interesse hervorgerufen?

Beispiel 1: Mangelnde Motivation durch Desinteresse

Desinteresse ist die Folge von erzieherischem Fehlverhalten. Das Wort Interesse ist abgeleitet von dem lateinischen Wort *inter-esse*, dazwischen sein.

- Ein Mensch, der nicht dazwischen ist,
- ein Mensch, der nicht dazugehört,
- ein Kind, das draußen steht,
- ein Kind, das nicht „in“ ist,
- ein Kind, das „out“ ist,
- ein Kind, das zum Sündenbock abgestempelt wurde,
- ein Kind, das als schwarzes Schaf bezeichnet wird,

ist nicht motiviert zu kooperieren, ist nicht motiviert mitzuarbeiten und seinen Beitrag zu leisten. Solche Kinder liegen quer, sie sabotieren, sie trotzen, rebellieren laut oder leise, mauern, sind in aktiver oder passiver Trotzhaltung.

Das Gemeinschaftsgefühl des einzelnen Familienmitgliedes, das Zusammengehörigkcitsgefühl der Mitglieder einer Gruppe ist ein Gradmesser für Kooperation, für Mitarbeit, für Gesundheit, aber auch für Krankheit, für Neurosen oder sogar Psychosen.

Je schlechter, unvollständiger und mangelhafter das Gemeinschaftsgefühl, desto destruktiver und unkooperativer, desto aggressiver oder passiver und auffälliger das Verhalten. Die Neurose dokumentiert ein gestörtes Gemeinschaftsgefühl. Die Psychose zeugt von einem bereits zerstörten Gemeinschaftsgefühl.

Beispiel 2: Mangelnde Motivation durch autoritäres Verhalten

Durch Druck, durch Forderungen, durch Anordnungen und durch Befehle reizen wir Kinder zum Widerstand. Das einzelne Kind ist nicht motiviert, es wird manipuliert.

Die Folgen und Reaktionen sind:

Kinder ...

... sabotieren,
... leisten Widerstand,
... drücken sich,
... denken nicht mit,
... handeln verantwortungslos,
... fühlen sich bevormundet.

Sie erleben keine Mitbeteiligung, keine Mitverantwortung, und werden nicht zur Kooperation angehalten. Der autoritäre Erzieher nimmt die Eigenverantwortlichkeit des Kindes nicht ernst, er nimmt überhaupt das Kind nicht ernst. Er erzieht von oben herab.

Viele Erzieher werden heute autoritär, wenn sie mit Gutmütigkeit, Großzügigkeit und Verständnisbereitschaft gescheitert sind. Sie drehen den Spieß um und erleiden wiederum Schiffbruch, weil sie ihre Autorität bereits eingebüßt haben.

Beispiel 3: Mangelnde Motivation durch zu viel Kritik

Wenn wir im Wörterbuch nachschlagen, beinhaltet Kritik drei Aspekte.

Aspekt 1: Eine wissenschaftliche und künstlerische Beurteilung, ein Urteil

Aspekt 2: Tadel

Aspekt 3: Unterscheidungsvermögen, Scharfsinn

Leider wird Kritik in der Regel negativ verstanden.

„Du kritisierst mich nur!“
„Du bist nur fehlerorientiert.“
„Du willst mit mir streiten.“

In der Tat wird Kritik häufig nicht sachlich, nicht hilfreich, nicht fördernd benutzt. Und diese negative Kritik ist demotivierend. Negative Kritik geschieht durch Nörgeln, durch ständiges Kritisieren, durch Abwerten, durch Unzufriedenheit, durch mangelndes Bestätigen.

- Wir nehmen dem Kind den *Mut*,
- wir nehmen dem Kind den *Optimismus*,
- wir nehmen dem Kind das *Selbstvertrauen*.

Negative Kritik entmündigt, macht hoffnungslos, macht lustlos, demoralisiert und macht unsicher. Negative Kritik untergräbt das Selbstvertrauen. Die Folge kann sein, dass das Kind sich aufgibt. Wichtig ist, dass ein Kind sich gleichwertig, zugehörig, nicht minderwertig, sondern wirklich geliebt weiß.

Was fördert die Motivation?

- Wie kann ich mein Kind positiv stimulieren?
- Wie kann ich sein Lerninteresse wecken?

1. *Der Schüler erkennt die Nützlichkeit der Aufgaben*

   Wenn ein Schüler erkennt, dass die zu lernenden Aufgaben für sein Weiterkommen *nützlich* sind, spürt er eine geistige Bereicherung. Sein Selbstwertgefühl, seine persönliche Sicherheit wachsen, weil er sich als Person ernst genommen fühlt. Dazu ist erforderlich, dass er über die Aufgaben mitreden und mitentscheiden kann.

2. *Der Schüler bejaht die Anleitung zum Selbst-Erarbeiten*

   Die Selbstausführung ist nicht nur für die Motivation, sondern auch für den Lernerfolg des Kindes von Bedeutung. Untersuchungen über das Vergessen haben ergeben, dass:
   - 80 % von dem, was einer *gehört* hat,
   - 70 % von dem, was einer *gesehen* hat,
   - 50 % von dem, was einer *gehört und gesehen* hat,
   - 10 % von dem, was er *selbst ausgeführt* hat, vergessen wird.

   Aufgaben, die das Kind aus eigener Kraft gelöst, und Probleme, in die es sich hineinvertieft hat, bleiben haften. Gelingt es den Eltern und Erziehern, Kinder zu bewegen, sich mit Neugierde und detektivischem Spürsinn an

Aufgaben heranzumachen, ist der Lernerfolg am größten, aber auch die Chance, das Gelernte wirklich zu behalten.

3. *Der Schüler stellt sich selbst Aufgaben*

Aufgaben, die sich das Kind *selbst stellt*, motivieren am meisten. Statt auf Geheiß des Lehrers oder auf Druck der Eltern Aufgaben zu wiederholen, kann das Kind sich eigene Teilziele und Fristen setzen. Es nimmt sich beispielsweise vor, bis zu einem bestimmten Termin ein Kapitel zu beherrschen, sich eine Anzahl von Vokabeln anzueignen. Sehr oft haben Eltern hohe Ziele vor Augen, die das Kind ablehnt und die seine Initiative lähmen. Selbst gewählte Etappenziele geben dem Kind Richtlinien und – wenn sie erreicht werden – Erfolgserlebnisse. Erfolgserlebnisse wiederum steigern erneut die Motivation.

4. *Schüler, die glücklich sind, können sich besser entfalten*

Begabung ist oft eine Frage des individuellen Glücks, der Zufriedenheit und des seelischen Wohlbefindens. Seelischer Druck und Unzufriedenheit blockieren die Motivation. Nur ein glückliches Kind kann seine Begabung entfalten. Es braucht dazu spürbare Liebe, Zärtlichkeit und Zuspruch. Erst auf dieser Grundlage der Lebenssicherheit können die vielen Möglichkeiten, die in ihm angelegt sind, zur vollen Entfaltung kommen.

5. *Schüler haben ihr eigenes Lerntempo*

Forscher führten Experimente durch, um das Verhalten der Typen in verschiedenen Lebensbereichen zu beobachten. Unter anderem untersuchten sie das *psychomotorische Tempo*. Gemeint sind das Tempo und der Rhythmus der Bewegung, die einem Menschen am angenehmsten sind. Ganz klar ergibt sich, dass das Eigentempo des Leptosomen, also des schlanken, mittelgroßen, manchmal mageren und schmalen Menschen wesentlich rascher ist als das des Athletikers, des kräftigen und großen, mit ausladenden Schultern versehenen Menschen. Bei Klopfversuchen war der Pykniker, der Mittelgroße, Rundliche, durch Wachstum in die Breite Gekennzeichnete am langsamsten. Der Leptosome war mehr als doppelt so schnell. Selbstverständlich ist das Lerntempo des einzelnen Kindes verschieden – je nach Alter, Interesse, Temperament, Erkenntnis und Übung. Kritiksucht, Druck, Angst und Überforderung können das Tempo erheblich hemmen. Die Lernleistung ist am höchsten, wenn jeder Schüler in dem ihm gemäßen Tempo lernt.

6. *Schüler benötigen eine sofortige Erfolgsbestätigung*

Sie führt zur Lernverstärkung. Rolf gilt in der Familie als Faulpelz. Zwischen Vater und Sohn herrscht ständig Krisenstimmung. Rolf hat das ganze Wochenende dazu benutzt, sein Physikarbeitsheft zu überholen. Rolf steht in Physik mangelhaft. Der Lehrer hat ihm aber versprochen, die Note anzuheben, wenn er sich in Zeichnungen und schriftlichen Ausarbeitungen mit bestimmten Themen auseinandersetzt. Stolz zeigt Rolf dem Vater die Mappe. „Das ganze Wochenende habe ich an der Physikmappe gesessen. Ich hoffe bestimmt, ich kriege noch ausreichend."

Vater: „Das Wort ‚zusammenfallen' wird in einem Wort geschrieben. Deine deutsche Sprache ist für dich immer noch eine Fremdsprache!"

- Das ist keine Erfolgsbestätigung, das ist kleinliche Kritik.
- Das verursacht keine Lernverstärkung, sondern eher eine Lernhemmung.
- Das bewirkt keine Selbstwertsteigerung, sondern eine Selbstwertminderung.
- Das ist keine Ermutigung, das ist Entmutigung.

Können Sie sich vorstellen, dass Rolf noch einmal ein Wochenende dazu benutzt, um seine Noten aufzubessern? Nichts macht erfolgreicher als der Erfolg. Der Erfolg stärkt das Selbstwertgefühl. Das Selbstwertgefühl ist der innere Seismograph unserer seelischen Gesundheit. Alle verhaltens- und charaktergestörten Menschen, alle Neurotiker sind in ihrem Selbstwertgefühl gestört. Die Beeinträchtigung im Selbstwertbereich schreitet von begrenzten Minderwertigkeitsgefühlen über die Selbstkrise bis zur umfassenden Entmutigung fort. Dem stufenweisen Abbau des Selbstwertes entspricht eine zunehmende Existenzeinschränkung.

Schlechte Beurteilung und negative Kritik, pessimistische Befürchtungen, negative Erwartungen und Zweifel am Erfolg sind abwärts führende Stufen auf dem Weg zur Leistungsminderung. Jede Bestätigung und Ermutigung steigert die Erfolgsfreude und führt zur Erhöhung des Anspruchsniveaus. Der Lernende verstärkt sein Lernverhalten und steigert seinen Lerneifer.

7. *Schüler benötigen ein gestärktes Selbstvertrauen*

Soll ein Kind mit dem Lernstoff in *engeren* Kontakt kommen, müssen die *positiven* Bedingungen und Folgeerscheinungen gefördert werden. Denn: „Kinder lernen die Dinge zu umgehen, mit denen sie geschlagen werden."

Was sind positive Praktiken, um die Motivation zu verbessern, um beim Kind Erfolgserlebnisse zu initiieren? Es sind – allgemein gesagt – Bedingungen und Folgeerscheinungen, die die Selbstachtung verstärken, die zu einem verbesserten Selbstbild führen und das Selbstvertrauen steigern.

Zum Beispiel: Wenn Eltern mit Kindern Aufgaben üben, werden alle Antworten, ob richtig oder falsch, freundlich akzeptiert, und nicht mit abweisenden Bemerkungen quittiert. So etwa sollten Eltern mit ihren Kindern reden:

„Die Lösung ist nicht richtig, versuch es noch einmal!"

„Du kommst der Sache schon näher!"

„Ja, du bist nah dran!"

„Du hast den Aufbau gut im Griff; nur am Schluss ist dir ein Rechenfehler passiert!"

„Es geht schon wesentlich besser!"

- Was sollten Eltern und Erzieher bedenken?
- Was können Eltern und Erzieher besser machen?
- Welches Verhalten kann die Motivation der Kinder fördern? Dazu einige Denkanstöße:

Denkanstoß Nr. 1: Ich muss das Kind wirklich lieben

Es ist nicht hilfreich für Kinder, wenn wir uns *selbst* bestätigen. Wir wollen für die Kinder da sein, wollen ihr Leben fördern, nach *ihren* Möglichkeiten und nicht nach *unseren* Vorstellungen.

Hoffentlich benutzen wir nicht den Fortschritt der Kinder,

- für *unser* Prestige,

- für *unser* Ansehen,
- für *unsere* Bestätigung.

Wir verhelfen den Kindern zu *ihrer* Entfaltung. Der Erfolg der Kinder darf nicht unserer eigenen Entfaltung dienen. Wir wollen ihr Bestes, aber nicht das, was wir für das Beste halten.

Der Film „Herzsonate“ von Ingmar Bergmann schildert eine Mutter, die ihr Kind besucht. Die Tochter ist verheiratet mit einem Pfarrer, und sie besucht sie nach sieben Jahren. Die Mutter ist eine berühmte Konzertpianistin, die in erster Linie an sich denkt, an ihre Karriere und an ihre Bestätigung.

Ein Hauptvorwurf der Tochter gegen die Mutter, als sie sich eines Nachts lange unterhalten, lautet:

„Niemals stimmten deine Worte mit deinem Handeln überein. Wenn du sagtest: ‚Meine Liebe‘, ‚meine allerliebste Kleine‘, dann verschwandest du und ließest mich allein.“

Die Mutter hat eine zweite Tochter, sie ist geisteskrank. Die zweite Tochter lebt bei der anderen Tochter und dem Pfarrer. Die Mutter will diese Tochter eigentlich nicht sehen, geht aber doch hinein, gibt sich herzlich und spielt dem Kind Liebe vor. Die Geisteskranke spürt, dass es unecht ist. Der Film zeigt, wie ein Kind durch schizophrene Botschaften krank gemacht worden ist, wie eine Mutter, die keine Liebe geben kann, im Grunde sich und ihre beiden Kinder unglücklich macht.

Sie kann nicht motivieren. Aber warum?

- Weil ihre innere Einstellung unecht ist,
- weil sie ihre Kinder nicht liebt,
- weil ihr die Kinder lästig sind und ihre Karriere behindern.

Denkanstoß Nr. 2: Die Motivation ist eine Frage der inneren Einstellung

Ich motiviere kein Kind durch pädagogische Tricks und erzieherische Kniffe. Wer ein Kind lobt, ohne innerlich mit dem Loben übereinzustimmen, motiviert das Kind auf keinen Fall.

- Das Kind spürt, dass der Erwachsene unehrlich ist.
- Das Kind fühlt sich nicht wirklich gestärkt.

Echte Motivation ist eine Frage meiner Haltung, meiner Gesinnung, meiner inneren Einstellung.

Je echter der Erzieher ist, desto mehr stimmen sein Sagen und Handeln überein und desto motivationsstärker wird er dem Kind begegnen. Darum müssen Eltern und Erzieher ihre Haltung überprüfen, ob sie ihr Kind wirklich von Herzen lieben. Glauben Sie wirklich an Ihr Kind? Es ist erforderlich, dass wir uns

- vor uns selbst,
- vor den Kindern und
- vor dem lebendigen Gott überprüfen,

ob unsere Haltungen und das, was wir sagen, stimmig sind.

Denkanstoß Nr. 3: Wir nehmen das Kind an, wie es ist

Die Annahme des Kindes, wie es ist, fällt vielen Eltern schwer. Sie wollen es lieben, wie es ihrer Meinung nach *sein sollte*. Aber das ist keine wirkliche Liebe. Liebe beinhaltet, Kinder mit Fehlern und Schwächen, mit Eigenarten und Angewohnheiten zu akzeptieren.

Jesus hat es uns vorgemacht. Leider haben Eltern oft Vorurteile und eine bestimmte Vorstellung davon, wie Jungen oder

Mädchen sein sollten. Eine wichtige therapeutische Regel lautet: Wenn ich das Kind akzeptiere, wie es ist, verändert es sich damit am meisten.

Warum ist das so?

Will ich ein Kind umgestalten und nach meinen Vorstellungen korrigieren, leistet es Widerstand. Je mehr ich jemand umgestalten will, desto stärker verspüre ich seine Abwehr. Akzeptiere ich das Kind, will es häufig nicht bleiben, wie es ist. Wer sein Kind akzeptiert, wie es ist, behandelt es wirklich gleichwertig. Gleichwertigkeit beinhaltet eine starke Verbundenheit.

Eltern und Kinder sind nicht gleichberechtigt, sondern gleichwertig. Gleichberechtigung gibt es nicht. Gleichwertigkeit hingegen ist eine notwendige Voraussetzung für Selbstvertrauen, für Kooperation und Mitverantwortung. Kinder, die nicht akzeptiert werden, erleben keine Gleichwertigkeit und zeigen uns,

... dass sie nicht mitspielen,
... dass sie sich querlegen,
... dass sie falschspielen,
... dass sie uns sabotieren,
... dass sie rebellieren.

Denkanstoß Nr. 4: Ich vermeide negative Erwartungen

Motivation heißt: Positive Verstärkung statt Befürchtungen.

„Ich bin ja gespannt, was du wieder für Noten heimbringst!“
„Mich wundert’s nicht, wenn das schiefgeht!“
„Da kann ja nichts Gutes herauskommen!“

Das sind sich selbst erfüllende Prophezeiungen, ich beschwöre herauf, was ich befürchte.

Positive Erwartungen sind die stärkste Motivationskraft, schrieb der Psychotherapeut Erik Blumenthal. Wenn das stimmt, sind negative Erwartungen die stärkste Motivationshemmung. Negative Erwartungen hemmen die Leistungsbereitschaft.

- Befürchtungen demotivieren,
- Befürchtungen lähmen,
- Befürchtungen fördern das Desinteresse.

Denkanstoß Nr. 5: Eltern sind Vorbilder

Kinder und Heranwachsende suchen und brauchen Vorbilder. Eltern werden im Allgemeinen mehr geachtet als sie glauben. Lernfähigkeit hat mit dem Vorbild der Eltern zu tun. Freundschaftsfähigkeit wird den Kindern vorgelebt. Sorgfalt und Gründlichkeit werden im Elternhaus eingeübt. Eltern sind Modelle, die befragt und hinterfragt werden können.

- Vorbilder sind Leitbilder und Orientierungshilfen.
- Vorbilder drängen sich nicht auf.
- Vorbilder zwingen nicht, sie erpressen nicht.
- Vorbilder praktizieren Verantwortung, Pflicht, Pünktlichkeit und Geduld.

Bei Vorbildern stimmen Wort und Tat überein. Je weniger wir als Vorbild leben, desto mehr Regeln, Verbote und Gebote müssen aufgestellt werden. Vorbilder müssen nicht predigen, können auf Appelle verzichten. Sie strahlen aus, sie überzeugen durch ihr Dasein.

Kapitel 6
Erziehung zur Verantwortung

Konsequenz in der Erziehung meint auch eine Erziehung zur Verantwortung.

In den vergangenen Jahren haben insbesondere „linke“ Wortführer und ihre Gefolgschaft häufig verlockende Vokabeln benutzt:

- Selbstbefreiung,
- Erziehung zum Ungehorsam,
- Selbstverwirklichung,
- Lust,
- Glück,
- Genuss,
- Selbstregulierung,
- Non-Frustration und
- Anti-Autorität.

Verantwortlichkeit im persönlichen, zwischenmenschlichen und familiären Leben wurde oft schlichtweg als Bla-Bla charakterisiert. Persönliches Glück und individueller Lustgewinn wurden als erstrebenswerte Erziehungsziele überbetont. Ganz zweifellos haben diese irrigen Erziehungsstile und -ziele Verwirrung bei Eltern und Kindern und Nachteile in puncto Selbstdisziplin und Lebensbewältigung hervorgerufen. Das Fehlen des Verantwortungsprinzips in der Erziehung hat die Antriebs- und Durchsetzungskraft des Kindes und Jugendlichen untergraben, die Lebensangst vergrößert und die Verantwortungsfähigkeit des Einzelnen erheblich beeinträchtigt.

Wem sind wir verantwortlich?

- Uns selbst?

- Unserem Gewissen?
- Unserer inneren Stimme?

Das Wort Verantwortung ist laut Friso Melzer, einem Sprachwissenschaftler, zunächst ein Wort aus der Rechtssprache gewesen: „Der Angeklagte hat dem Ankläger Rede und Antwort zu stehen. (...) Mich trifft ein Wort und ruft mich zum *Gegenwort.* Ich gebe dieses Gegenwort. Ich antworte. Der Höherstehende ruft den Untergebenen zur Verantwortung. Das ist ein personenhafter Vorgang, der sein Urbild darin hat, dass Gott als der Herr und Richter der Menschen ruft: ‚Kain, wo ist dein Bruder Abel?' (1. Mose 4, 9) Verantwortung lebt und wirkt zwischen Personen. Somit können wir nicht von Selbstverantwortung sprechen." [1]

Der Selbstverantwortliche ist niemandem verantwortlich. Er hat kein Gegenüber. Er hat keinen Maßstab für seine Verantwortung. Er handelt nach Gutdünken. Der konsequenteste Ausdruck eines Verantwortungsmaßstabes ist Augustins Formulierung: „Ama et fac quo vis." („Tu, was du willst, wenn du es nur aus Liebe tust!"). Es handelt sich allerdings nicht um eine Allerweltsliebe, sondern um eine Liebe aus Christus, durch Christus und mit Christus. Eine Liebe, die nur auf die berühmte ‚innere' Stimme hört, kann auch sehr egozentrisch sein.

- Verantwortung braucht ein *Gegenüber.*
- Verantwortung braucht *Maßstäbe.*
- Verantwortung braucht den *lebendigen Gott*, der in seinem Wort formuliert, was Verantwortung im Zusammenleben beinhaltet.

Erziehung zur Konsequenz beinhaltet auch die Erziehung zur Verantwortung.

Welche Anregungen fördern das Verantwortungsbewusstsein für die Kinder? Welche Regeln sollten Eltern und Erzieher beachten? Hierzu im Folgenden einige Denkanstöße:

Denkanstoß Nr. 1: Verantwortungslose Kinder werden rücksichtslos

Ein Kind, das keine Verantwortung trägt,

- entwickelt *Abwehr*,
- praktiziert *Auflehnung*,
- reagiert mit *Drückebergerei*,
- produziert *Hass und Rache*,
- verfällt in *Unkameradschaftlichkeit und Rücksichtslosigkeit.*

Die Kluft wird größer, das Vertrauen zueinander geringer. Zusammenarbeit und Zusammengehörigkeitsgefühl sinken auf den Nullpunkt.

Die Verantwortungsbereitschaft wächst, ...

1. ... wenn das Zusammengehörigkeitsgefühl stimmt

Ein Kind, das sich zugehörig fühlt, das am Zusammenspiel interessiert ist, trägt auch Verantwortung. Es denkt mit, es plant mit, es spielt mit, es trägt Verantwortung mit. Das Kind fühlt sich in der Familie wohl. Es hat keine Veranlassung, sich auszuschließen und zu isolieren.

Ein Kind, das seinen Selbstwert erfährt und sich als nützliches Glied der Familie fühlen kann, hat keinen Anlass, destruktive Verhaltensmuster zu entwickeln. Es greift nicht nach Drogen und wird nicht aufsässig. Es besitzt einen kooperativen Geist, Sinn für Verantwortung und verhält sich seiner Familie gegenüber positiv. Seine Beziehung zu den Eltern ist von gegenseitiger Achtung und von Vertrauen getragen.

Gegenwärtig erleben wir auch bei der Übertragung von Verantwortung eine große Nachlässigkeit der Eltern. Wir erleben Eltern, die ihre Kinder daran hindern, eigene Erfahrungen mit Verantwortung zu machen.

2. ... wenn die Familienatmosphäre positiv ist

Jede Familie hat ihr eigenes Klima und entwickelt eine spezifische Atmosphäre. Das Familienklima beschreibt eine seelische Witterung in der Familie. Die familiäre Wetterlage kann

- schön oder bedrückend,
- klar oder unklar,
- kalt oder warm,
- verregnet oder stürmisch,
- liebevoll oder autoritär sein.

Das Kind erfährt sich zunächst in der sozialen Einheit der Familie. Die Familie bildet die Umwelt und den Rahmen, die das Kind beeinflussen.

- Überzeugungen,
- Wertmaßstäbe,
- Wesenszüge und
- bestimmte Verhaltens- und Umgangsmuster

werden in der Familie eintrainiert und übernommen. Das Verhalten der Familienmitglieder hat den stärksten Einfluss auf das Verhalten des Kindes, auch wenn es selbstverständlich frei ist, eine Verhaltensweise zu akzeptieren oder abzulehnen.

Familienklima und Familienatmosphäre sind daher für die Entwicklung der Kinder und Heranwachsenden so bedeutsam, weil die meisten Vorgänge *unbewusst* und *unterschwellig* ablaufen. Nur etwa drei Zehntel aller Abläufe werden uns bewusst. Das seelische Klima verrät, ob über alles geredet werden kann, über Enttäuschungen, Ängste, Verletzungen, Freud und Leid, oder ob die Gefühle unter den Familienteppich gekehrt werden. Das Familienklima verrät, ob Friede, Mut, Lebendigkeit, Offenheit, Ehrlichkeit und Echtheit praktiziert werden. Alle Beobachtungen und Erfahrungen bestätigen: Ist das Familienklima gut und ist die Familienatmosphäre beglückend, sind in der Regel alle Mitglieder verantwortungsbewusst.

3. ... wenn das Kind sich angenommen weiß, wie es ist

Eine gute Beziehung wird hergestellt, wenn ich das Kind annehme, wie es ist. Nicht, wie es sein sollte. Das bedeutet nicht, jedes Verhalten gutzuheißen. Es ist möglich, bestimmte Verhaltensweisen zurückzuweisen, ohne das Kind als Person zurückzuweisen. Es ist wesentlich, die Handlung von der Person zu trennen. Konsequenzen, die unumgänglich sind, müssen freundlich, aber bestimmt gezogen werden.

Denkanstoß Nr. 2: Die Sekundärtugenden sind wieder gefragt

Wie lauten die Sekundärtugenden?

- Fleiß,
- Ordnung,
- Gewissenhaftigkeit,
- Selbstdisziplin.

Diese Sekundärtugenden sind mehr als die Kopfnoten im Zeugnis. Das wichtigste Stichwort ist dabei *Gewissenhaftigkeit*, aus der sich die anderen Sekundärtugenden ableiten lassen.

Wer gewissenhaft ist, demonstriert

- eine disziplinierte Haltung,
- dass er gegen schwankende Bedürfnisse und Impulse antritt,
- dass er ausgeprägt leistungsorientiert ist,
- ein selbstdiszipliniertes Arbeitsverhalten,
- im zwischenmenschlichen Bereich Besonnenheit und Pflichtbewusstsein,
- ein Verhalten, das sich an ethische Regeln hält.

Die Forscher haben sechs Facetten der Gewissenhaftigkeit entwickelt:

Selbstkontrolle beinhaltet die Fähigkeit, impulsive Gefühle und destruktive Impulse zu unterdrücken und Augenblicksbedürfnisse auf später zu verschieben.

Traditionalismus beinhaltet die Orientierung an überlieferten Werten und eine Selbstverpflichtung gegenüber bewährten Verhaltensnormen.

Verantwortungsbewusstsein beinhaltet Verlässlichkeit, Rücksichtnahme auf andere, das Bestreben, Streit zu vermeiden und fair mit dem anderen umzugehen.

Fleiß beinhaltet ein ausgeprägtes Arbeitsverhalten, Leistungsbereitschaft und Ausdauer.

Ordnungsliebe beinhaltet Vorliebe für geregelte, organisierte und effiziente Abläufe.

Moralität beinhaltet die Verpflichtung zu einer starken moralischen Einstellung im Verhalten, die Ausrichtung auf ethische Prinzipien.

Es ist für mich keine Frage: Kinder, die Eltern und Erzieher erleben, die diese Tugenden vorleben und im Reden und Tun übereinstimmen, vermitteln am überzeugendsten diese so genannten Sekundärtugenden, die in Wirtschaft und Gesellschaft heute angemahnt werden.

Denkanstoß Nr. 3: Wir wollen unseren Kindern von Gott erzählen

Für die religiöse Entwicklung des Menschen ist die Kindheit von entscheidender Bedeutung. Frömmigkeit wird nicht vererbt. Frömmigkeit ist Herzenssache, sagt man. Frömmigkeit und Glaube sind Geschenke Gottes. Also Geschenke und keine Selbstanfertigung. Der Glaube ist kein Handwerk, das wir wie die Schuhmacherei erlernen könnten. Der Glaube ist nicht mit einem Heft christlicher Vokabeln zu vergleichen, die wir uns mühsam einprägen. Auch dem Kind können wir den Glauben nicht eintrichtern, wie man Vokabeln eingetrichtert bekommt.

Im 5. Buch Mose heißt es: „Der Herr, unser Gott, ist ein einiger Herr. Und du sollst den Herrn, deinen Gott lieben, von ganzem Herzen, von ganzer Seele, von allem Vermögen. Und diese Worte, die ich dir heute gebiete, sollst du zu Herzen nehmen und sollst sie deinen Kindern einschärfen und davon reden, wenn du in deinem Hause sitzt oder auf dem Wege gehst, wenn du dich niederlegst oder aufstehst." (5. Mose 6, 4-7)

Was steht da? Morgens, mittags und abends sollen wir unseren Kleinen von Gott *erzählen*. Wir müssen keine Gottesdienste mit feierlichen Abläufen abhalten, müssen keine perfekten Predigten vorbereiten, sondern *erzählen*, was uns wichtig ist, wo wir Gottes Liebe spüren, was unsere Seele erfüllt, was wir uns von ihm zu Herzen genommen haben.

Wie Gott in der Vergangenheit gehandelt hat, und was er heute zu tausend Alltagsproblemen in Haus, Familie und Politik sagt. Damit *vergegenwärtigen* wir den lebendigen Gott, vergegenwärtigen seinen Willen und räumen ihm den Platz ein, der ihm gebührt. Mit anderen Worten: Frömmigkeit fällt nicht vom Himmel. Schon das Neugeborene macht Grunderfahrungen, die für das spätere Glaubensleben wegweisend sind. Der Säugling macht Urerfahrungen, die fundamental sind für seine späteren Glaubenserfahrungen.

Das Wesen der christlichen Erziehung wird am treffendsten umschrieben mit dem Gleichnis vom Wachsen des Reiches Gottes. In dem Gleichnis erzählt Jesus, dass das Werden des Reiches Gottes mit einem Bauern verglichen wird, der den Tag über seine Arbeit tut, den Boden bearbeitet, Samen ausstreut und sich abends beruhigt schlafen legt, um Gott alles Weitere zu überlassen. Der Bauer kann nichts machen. Er kann wach liegen oder grübeln, er kann sich Gedanken machen oder schlafen, am Wachsen des Samens ändert das nichts.

Die Eltern

- beten mit den Kindern,
- befehlen sich und ihre Kinder Gott an,
- erzählen biblische Geschichten,
- versuchen die Gebote Gottes zu leben;

„... doch Wachstum und Gedeihen steht in des Herren Hand.“ *(Matthias Claudius)*

Die Frucht des Glaubens ist Gottes Geschenk. Wir können die Frucht nicht herbeizaubern. Darum gilt auch für die christliche Erziehung: „Alle eure Sorge werfet auf ihn, denn er sorgt für euch.“ (1. Petr. 5, 17)

Sorgen, sich ängstigen und Grübeleien sind menschlich – aber *unnütz*. Das Gleichnis Jesu und das Wort des Petrus sagen Eltern und Erziehern: Tut euer Bestes und alles Weitere überlasst Gott. Der Segen ist Gottes Sache.

Das gibt inneren Frieden und Gelassenheit. Christliche Erziehung kann man auch mit einem Wort von Dostojewski umschreiben: „Einen Menschen lieben, heißt: ihn so zu sehen, wie Gott ihn gemeint hat."

- Nicht *unsere* Wünsche sollen bei den Kindern realisiert werden;
- nicht *unsere* Gedanken für die Kinder sind maßgebend;
- nicht das Beste, was *wir* wollen, ist für das Kind das Beste;
- nicht *unsere* Zukunftspläne und Lebensentwürfe sind Richtschnur für unsere Kinder,
  sondern das, was Gott mit ihnen vorhat.

Und wie sieht Gott unser Kind?

- „Du bist geliebt – auch wenn du mal den Eltern auf den Nerven herumtrampelst."
- „Du bist begabt – auch wenn Eltern und Erzieher dir wenig zutrauen."
- „Du bist angenommen – auch wenn Freunde und Eltern dir das Gegenteil sagen."
- „Du wirst gebraucht – auch wenn du dir selbst überflüssig vorkommst."

Denkanstoß Nr. 4: Erst kommt der Lebenspartner, dann kommen die Kinder

In meinen Vorträgen über Erziehungs- und Ehefragen werde ich nicht müde zu sagen, dass der Ehepartner den Platz Nr. 1 beanspruchen sollte. Nach statistischen Erhebungen dauerte eine Ehe im Jahr 1890 ca. 31 Jahre. Die Eheleute waren ein Leben lang damit beschäftigt, Kinder aufzuziehen. Lediglich *ein Jahr* ihres Lebens verbrachten sie ohne Kinder.

Heute sehen die Verhältnisse grundlegend anders aus. Die Ehedauer ist im Durchschnitt auf über 45 Jahre angestiegen. Die Zeit, die Eheleute ohne Kinder verbringen, beträgt heute über 20 Jahre. Das ist eine lange Zeit. Sind die Kinder aus dem Haus, verarmen viele Ehen. Sie kränkeln an kommunikativer Unterernährung. Die Ehepartner haben sich kaum noch etwas zu sagen. Was haben sie falsch gemacht?

Es ist möglich, dass Mütter die Kinder an die erste Stelle gerückt haben. Befriedigung und Freude erhalten sie nicht zuerst aus der ehelichen Beziehung. Stattdessen haben sie ihre Kinder in den Mittelpunkt ihrer Zuwendung gerückt, vielleicht auch deshalb, weil die eheliche Beziehung in Frage gestellt ist. Sie verschaffen sich eine Ersatzbefriedigung, klammern sich nicht selten an einzelne oder alle Kinder und machen sie unbewusst abhängig.

Der falsche Stellenwert ehelicher Zuwendung führt zur Überbeschützung der Kinder. Sie werden ständig beaufsichtigt, beachtet, getestet, geführt, überwacht und betreut. Der passive oder aktive Widerstand gegen den elterlichen Herrschaftsanspruch wächst. Die Bevormundung wird eines Tages – möglicherweise in unangemessenem Ton – abgeschüttelt. Daher der Denkanstoß noch einmal:

Erst kommt der Lebenspartner, dann kommen die Kinder.

Denkanstoß Nr. 5: Es geht um die Bildung des Charakters

Den Schülern wird in der Schule nichts Falsches beigebracht, aber durch die Fokussierung auf Wissen und Können wird die *Charakterbildung* vernachlässigt. Bildung ist ein Prozess,

...in dem wir uns die Welt durch unsere Tätigkeiten erschließen;

...in dem es nicht nur ums Lernen geht, sondern um die Heranbildung guter Fähigkeiten und Haltungen gegenüber der Natur;

...in dem die Bildung des Charakters einen Schwerpunkt bildet und der Umgang mit dem Mitmenschen eingeübt wird;

...in dem die Fähigkeit und Haltung, die Würde des Nächsten wie auch des Fremden zu achten, mit Denken, Fühlen und Handeln eingeübt und verinnerlicht werden;

...in dem Wissensvermittlung und Charakterbildung als zwei verschiedene Akzente zusammenwirken müssen.

Kinder und Jugendliche müssen in dieser Welt selbstständig werden, müssen den Sinn im Leben entdecken und bereit sein, die Gegenwart mitzugestalten. Erziehung ist nicht nur Privatsache. Es gibt eine öffentliche Mitverantwortung für das Heranwachsen der nächsten Generation. Eltern *und* Lehrer müssen zusammenarbeiten. Anstatt sich gegenseitig zu kritisieren, sollten sie ihre Kritik gegen die Bildungspolitik richten. Die skandinavischen Länder und die PISA-Studien zeigen, dass es um ganzheitliches Lernen geht, um Lernen mit Kopf, Herz und Hand, wie es schon Pestalozzi gefordert hat. Wir haben Kinder vor uns als *ganze* Menschen, die in ihrer Einheit als Person gesehen und wahrgenommen werden müssen. Die Lernziele werden leider in kognitive und soziale getrennt. Die Zerstückelung geht durch alle Bereiche. Das soziale Ganze im Lebenszusammenhang wird zerstört. Der emeritierte Professor Dr. Johannes Beck formuliert das so:

„Die in Deutschland verordnete Schulbildung läuft heute faktisch auf Sonderschulbildung für alle hinaus: ‚Sonderschulen' für die Kinder der selbsternannten Eliten und ‚Sonderschulen' für die hoffnungslos Abgehängten." Auch die Lehrer sind, so Professor Beck, immer mehr spezialisiert. „Da werden Germanisten, Physiker und so weiter ausgebildet, aber kaum Pädagogen." [2]

Das ist ein schwerer Vorwurf, den ein bekannter Pädagoge formuliert. Die Bildung des Charakters wird vernachlässigt. Die Wissensbildung steht im Vordergrund. Viele Lehrer sind Fachlehrer. Sie unterrichten Mathematik, Deutsch, Biologie, Physik, Chemie und natürlich auch Religion. Aber der Mensch ist ein Ganzes. Wissen und Bildung, Erziehung und Bildung gehören nahtlos zusammen. Wenn unsere Kinder keine klaren Werte vorgelebt bekommen – und zwar in Elternhaus und Schule – dann sind soziale Kompetenz, Zielorientierung, Kreativität und die Fähigkeit zur Kommunikation nur leere Begriffe, die in den Lehrplänen stehen, und Professor Beck hat recht:

„Das sind Plastikqualifikationen. Sozial kompetent, zielorientiert, kreativ und kommunikativ kompetent ist jeder Mafiaboss, und die Mitglieder von al-Qaida sind es auch. Kreativ kann derjenige sein, der andere mobbt." [3]

Lernen unsere Kinder nicht – und zwar von der Mutterbrust an – was Gut und Böse beinhalten, was Recht und Unrecht bedeuten, und was wir unter Nächstenliebe, Selbstliebe und Mitmenschlichkeit verstehen, dann bilden wir Menschen mit „Plastikqualifikationen" heran. Wer keinen Herren über sich hat, empfindet keine Hemmungen, gewissenlos zu handeln, indem er nach seinem Gutdünken kompetent, zielorientiert und kreativ lügt, betrügt oder in anderer Weise sündigt.

Denkanstoß Nr. 6: Verwechseln Sie nicht Verantwortung mit Machtstreben!

Wenn ich mit Eltern in der Beratung spreche, deren Kinder schlechte Esser sind, kommt immer wieder das problematische Verantwortungsgefühl der Eltern gegenüber dem Kind zum Ausdruck.

- „Wo soll das Kind ohne die richtigen Vitamine und Eiweißstoffe denn hinkommen?"
- „Bei der geringsten Krankheit hat es keine Abwehrstoffe. Außerdem sind solche unterernährten Kinder ja ständig krank und fallen ihren Eltern zur Last."
- „Wie soll das Kind denn in der Schule aufpassen können? Es leidet schon an Konzentrationsstörungen. Wir geben ihm das Mittel ‚xyz', damit es auf diese Weise wenigstens die nötigen Vitamine erhält."

Was meinen Sie, steht hinter diesem durchaus glaubhaft vorgetragenen Verantwortungsgefühl nicht ein Konflikt zwischen Mutter und Kind?

- Will die Mutter damit vielleicht ihren Machtwillen tarnen?
- Will die Mutter vielleicht das letzte Wort darüber behalten, was das Kind essen soll?
- Hat das Kind mit seinem Essverhalten nicht eine Waffe in der Hand, um die Mutter zu ärgern und sich gegen sie zu behaupten?

Sind nicht die Bestrafungen der Mutter der beste Beweis dafür, dass sie ihren Willen durchsetzen will?

- „Wollen doch mal sehen, wer hier das Sagen hat."
- „Du bleibst solange vor dem Rotkohl sitzen, bis du ihn aufgegessen hast – und wenn du morgen früh noch hier sitzt!"

Das ist eindeutig ein Machtkampf. Hier steht das Ansehen der Mutter auf dem Spiel.

Niemals darf ein Kind zum Essen gezwungen werden, wenn es keinen Hunger hat. Auch die folgenden Redensarten sind pädagogisch falsch und sollten unterbleiben:

- „Wenn du deinen Teller schön leer isst, bist du ein braves Kind. Du willst doch ein braves Kind sein?"
- „Wenn du das Gemüse nicht aufisst, bist du sehr böse! Und böse Kinder mag niemand gern."

So harmlos diese Redewendungen klingen mögen, sie sind nicht nur überflüssig, sie sind sogar gefährlich. Essen und Nichtessen haben etwas damit zu tun, ob das Kind Hunger hat oder eben nicht. In dem Augenblick aber, wo wir Essen mit Brav-Sein und Nicht-Essen mit Ungehorsam verknüpfen, müssen wir auch die Folgen tragen. Wir drücken dem Kind eine Waffe in die Hand, und ein Machtkampf beginnt. Solchen Ungehorsam haben sich die Erwachsenen aber selbst zuzuschreiben.

Dieser Konflikt, der sich mit zunehmendem Alter Bahn bricht, kann schon in der Stillzeit begonnen haben. Grundlegende Fehler können hier das schnelle Füttern eines Kindes sein oder Lärm, Unruhe und fehlende Zeit der Mutter. Das Kind wird angetrieben und spürt die Unruhe der Mutter genau. Auf dem Herd kochen die Kartoffeln, die Milch droht überzukochen, das Telefon oder die Haustürklingel läuten. Die Mutter ist nicht ausgeruht und eine Spannung zwischen ihr und dem Kind schleicht sich allmählich ein. Diese Spannung wächst und mündet in einen regelrechten Machtkampf ums Essen.

Die Weichen für tief greifende Störungen können bereits im ersten Lebensjahr gestellt werden. Störungen können in erster Linie durch den teilweisen oder völligen Entzug der mütterlichen Zuwendung entstehen. Der Entwicklungsprozess des Kindes wird gehemmt, es bleibt seelisch unterernährt. Die Mutter ist für das Kind die gute Welt schlechthin. An der Mutterbrust verstummt der schreiende Säugling, er wird zufrieden und still. Alle Gefühlsvariationen der Mutter, sei es Abneigung oder Angst, Freude, Ärger, Wut, ja sogar Depressionen und seelische Verstimmungen werden übertragen. Das Kind spiegelt in seinem Gesichtsausdruck und Verhalten die Seelenharmonie oder -disharmonie der Mutter wider. Mütter, die ihren Willen durchsetzen, die das Kind zum Essen zwingen, und die ihre Autorität geltend machen, treffen das Kind an seiner empfindlichsten Stelle. Sie entziehen ihm die Liebe! Das Kind spürt, dass das natürliche Vertrauensverhältnis zu Bruch gegangen ist, dass es vergewaltigt und nicht geliebt wird.

Und wie gehen wir solchen Machtkämpfen aus dem Weg? Wir können sagen, und zwar ohne Affekt:

„Wenn du nicht essen willst, hast du sicher keinen Hunger. Du musst auch nicht essen. Heute Abend gibt es die nächste Mahlzeit.“ Wir zwingen das Kind nicht zum Essen. Wir unterstellen auch keine Bosheit in seinem Verhalten. Das Essen wird kommentarlos – ohne Bitterkeit und ohne Vorwürfe – abgeräumt. Das Kind spürt keinen Widerstand mehr, fühlt sich nicht mehr herausgefordert. Die Spannung verschwindet, der Machtkampf wird beigelegt. Eltern handeln konsequent. Das Kind isst wieder, ohne eine Niederlage eingesteckt zu haben.

Alle bissigen und ironischen Bemerkungen unterbleiben, weil sie nur zum Widerstand reizen. Wir drohen dem Kind auch nicht. Jede Drohung ist ein aufgeblasener Machtanspruch.

„Bilde dir bloß nicht ein, du bekommst zwischendurch etwas, wenn du deinen Teller nicht leer isst! Ich werde die Kekse und den Zwieback beiseite stellen und die Schoko-Waffeln schließe ich im Küchenschrank ein."

Drohungen und negative Gefühlsentladungen der Eltern und Erzieher sind keine Hilfe für ein fruchtbares Zusammenleben. Das Klima wird dadurch nur vergiftet.

Wir sind für Spannungen im Miteinander verantwortlich. Auch der folgende Satz, den selbst Psychologen als Rat weitergeben, ist unpassend:

„Wenn ich wütend und ärgerlich bin, sollen die Kinder das auch wissen. Meinen Ärger und meine Wut lasse ich raus, damit die Kleinen verstehen, wo sie dran sind!"

Als Seelsorger und Therapeut stimme ich damit nicht überein. Wir haben uns zwar *entlastet*, indem wir unseren Zorn herausgelassen haben, aber die anderen sind nun *belastet*.

Die biblischen Maßstäbe klingen anders. Paulus gibt uns für das Zusammenleben in Ehe, Familie und Gemeinde folgenden Tipp: „Lasst kein giftiges Wort über eure Lippen kommen, seht lieber zu, dass ihr für die anderen in jeder Lage das rechte Wort habt, das ihnen weiterhilft. (...) Weg also mit aller Verbitterung, mit Aufbrausen, Zorn und jeder Art von Beleidigung! Schreit einander nicht an, legt jegliche feindselige Gesinnung ab." (Eph. 4, 29. 31)

Wer Gift verspritzt, vergiftet die Atmosphäre. Machtkampf löst keine Probleme. Beten wir darum, dass keine feindselige Gesinnung unser Zusammenleben erschwert.

Denkanstoß Nr. 7: Eltern und Erzieher benötigen Autorität

Wer verantwortlich erziehen will, benötigt Autorität. Autorität ist ein zentrales Thema in der Erziehungspraxis. Sie bildet die Grundlage des familiären Zusammenlebens. Eltern und Erzieher mit Autorität garantieren weitgehend gesunde Familien.

Wo die Autoritätsfrage nicht gelöst ist, wo Mütter und Väter *widersprüchlich* oder *autoritär* (aber nicht mit echter Autorität) erziehen, nehmen die Kinder Schaden.

Bei widersprüchlicher und autoritärer Erziehung fühlen sich Kinder:

- alleingelassen, ohne Geborgenheit,
- nicht ernst genommen,
- abgewertet,
- entmündigt und
- im Selbstwert geschwächt.

Das Eigenschaftswort von Autorität heißt aber *nicht* autoritär, sondern autoritativ. Der autoritäre Erziehungsstil ist überholt. Aber die autoritative Erziehung, die Erziehung mit Autorität, ist notwendiger denn je.

Wilhelm Faix schildert Probleme mangelnder Autorität so:

„Viele Eltern haben, was ihre Autorität angeht, geradezu eine Lücke, sie nehmen sie gar nicht wahr. Die Kinder machen dann mehr oder weniger, was sie wollen. (...) Andere Eltern lösen die Autoritätsfragen durch ein ständiges Wechselbad der Gefühle. Mal drohen sie, dann lassen sie wieder alles laufen; mal strafen sie, dann sind sie wieder großzügig. Daraus spricht eine große Hilflosigkeit. (...) Wieder andere Eltern verfügen zwar über eine gewisse Autorität, aber die zeichnet sich darin aus, dass sie ihr Kind ständig in Schutz nehmen. Sie bagatellisieren das kindliche Fehlverhalten. Ihr Kind gilt als ‚unschuldig', oder es wurde ‚von anderen verführt', weil ihr Kind so etwas nie machen würde. Darum gibt es auch keine Sanktionen für das Fehlverhalten." [4]

Erziehungsfehler erwachsen in der Regel aus verzerrter oder fehlender Autorität. Vielfach wird Autorität schief interpretiert, oder Mütter und Väter fallen sich gegenseitig in den Rücken. Autoritätsverlust entsteht auch, wenn die Ehen der Eltern zerbrochen oder gefährdet sind; die Kinder können sich dann mit den Zielen und Werten der Eltern nicht mehr identifizieren.

Autorität beinhaltet Glaubwürdigkeit

Viele Eltern leiden unter Autoritätsproblemen. Ohne Autorität können Werte, Normen und Beziehungen im Familienleben nicht umgesetzt und Absprachen nicht eingehalten werden. Wenn Eltern ihre Autorität nicht wahrnehmen, machen Kinder was sie wollen. Die Eltern-Kind-Beziehung ist von fehlendem Vertrauen gekennzeichnet.

Autorität beinhaltet Glaubwürdigkeit.

- Leben und Reden müssen identisch sein,
- Eltern und Erzieher müssen vertrauenswürdig sein,
- auf Eltern und Erzieher muss Verlass sein,
- Eltern und Erzieher dürfen Kinder nicht hintergehen.

Nach einem meiner Vorträge kam eine Frau auf mich zu. Sie war völlig verunsichert. Sie erzählte mir, dass ihre Eltern sich scheiden ließen, als sie sechs Jahre alt war.

„Beide haben mich vor der Scheidung belogen. Alles war angeblich in Ordnung, und plötzlich stimmte alles nicht mehr. Ich konnte mich auf nichts verlassen, was sie sagten. Heute bin ich geradezu krankhaft misstrauisch. Überall wittere ich Unwahrheiten und Lügen. Ich gehöre einer christlichen Gemeinde an und zweifle, ob sie es ehrlich mit mir meinen."

Die Frau glaubt und misstraut gleichzeitig. Einige Männerbeziehungen gingen in die Brüche, weil sie keinem vertraute und jedem Bosheit und Egoismus unterstellte. Selbst Gott vertraut sie nicht restlos. Sie betet und zweifelt gleichzeitig. Ruhe und Unruhe wechseln in ihr ab. Ständig fühlt sie sich hin- und hergerissen.

Das Beispiel zeigt, wie sich Unglaubwürdigkeit und Lüge im Erziehungsprozess auswirken können. Erzieher mit Autorität sind glaubwürdig. Unglaubwürdige Erzieher haben keine Autorität. Sie leben anders als sie reden. Sie verunsichern und schenken keine Geborgenheit.

- Der Glaubwürdige ist verlässlich.
- Der Glaubwürdige macht dem Nächsten nichts vor.
- Der Glaubwürdige ist im Reden und Handeln identisch.

Autorität beinhaltet Gerechtigkeit

Menschen mit Autorität sind gerecht. Gerechtigkeit ist eine soziale Tugend. Der Mensch mit Autorität verhält sich gerecht gegenüber gegensätzlichen Parteien. Unparteiisch kann er zwischen rivalisierenden Gruppen vermitteln. Seit dem Mittelalter wird die Justitia, die Gerechtigkeit, mit einer Waage dargestellt. Dieses symbolische Bild der Gerechtigkeit bedeutet:

- Sie wägt sorgfältig ab.
- Sie verkündigt gerechte Urteile.

- Sie hat eine Binde vor den Augen als Symbol dafür, dass sie alle Menschen gleich behandelt.
- Sie sieht die Sache an – nicht die Person.

Gerechte Menschen besitzen Autorität, sie werden ernst genommen, weil sie niemanden vorziehen und sich auch nicht beeinflussen lassen. Ihre Mitmenschen schätzen ihre Geradlinigkeit und Sachlichkeit.

Was beinhaltet Gerechtigkeit im christlichen Verständnis?

Gerechtigkeit im Alten Testament ist immer der Maßstab für ein *Verhältnis*. Und zwar entweder für ein Verhältnis

- zwischen Mensch und Gott oder
- zwischen Mensch und Mensch oder
- zwischen Mensch und Tier.

Wir kennen in unserem Sprachgebrauch die Wendung „jemandem gerecht werden." Das trifft am ehesten auf den biblischen Begriff der Gerechtigkeit zu. Es hat jedoch nichts mit unserem Begriff von Gerechtigkeit zu tun, sondern ist eine Frage der Beziehung. Gerecht sein heißt in der Bibel: den Ansprüchen des jeweiligen Gemeinschaftsverhältnisses gerecht werden.

Menschen mit Autorität und Gerechtigkeit können die Wünsche und Bedürfnisse ihrer Kinder, Mitarbeiter und Mitmenschen abwägen. Sie denken und handeln unparteiisch. Menschen mit Autorität, die sich nicht gewaltsam Gehör verschaffen müssen, sind gerecht. Und ihre Gerechtigkeit wird honoriert. Menschen mit Autorität suchen Lösungen, mit denen alle Beteiligten leben können.

Das Wort „Gerechtigkeit" spielt im christlichen Glauben eine große Rolle. Christus ist uns zur Gerechtigkeit geworden.

Gott hat uns in Jesus Christus gerecht gemacht. Er lässt uns in seinen Augen recht sein. Von Ungerechtigkeit sind wir frei gemacht. Niemand muss sich zum Gerechten aufspielen. Menschen mit Autorität sind keine Gerechtigkeitsfanatiker. Sie sind selbst von ihrer Ungerechtigkeit befreit, haben sie erkannt und bekannt und müssen daher nicht von ihren Mitmenschen gewaltsam Gerechtigkeit einfordern.

Autorität und Selbstbeherrschung

Wer Autorität besitzt, verfügt auch über Selbstbeherrschung. Diese Selbstbeherrschung meint aber nicht

- Verdrängen von Gefühlen,
- die innere Wut verstecken,
- den Mitmenschen ein verlogenes Gesicht frei von Aggression zeigen.

Diese falsche Form von Selbstbeherrschung, die Unterdrückung von Gefühlen und Affekten ist nicht gefragt. Sie heuchelt dem anderen Selbstbeherrschung vor. Sie ist gespielt und unehrlich.

Anselm Grün, der Prior des Klosters in Münster-Schwarzach, schreibt über die Selbstbeherrschung:

„Die griechische Philosophie gebraucht das Bild vom Steuermann, der das Boot selbst lenkt und in die Richtung führt, in die er möchte. Er lässt sich nicht von den Wogen des Meeres hin- und herwerfen. Wer seine Leidenschaft beherrscht, der ist wirklich frei. Beherrschen heißt dabei nicht unterdrücken. Der Herr steht in guten Beziehungen zu seinen Bediensteten. Er muss sie nicht kontrollieren. Er gibt ihnen Freiraum, weil er ihnen vertraut. Das deutsche Wort ‚herrschen' kommt von ‚hehr'. Es bedeutet erhaben, vornehm, heilig. ‚Herrschen' bezieht sich also nicht auf Gewalt, sondern auf Erfahrung. Der Herrscher ist älter, erfahrener, ehrwürdiger." [5]

Wer Autorität besitzt, kennt Selbstbeherrschung. Er versteht es, mit seinen Leidenschaften und Affekten zu leben. Er kann sie wie ein Steuermann lenken: Auch hier hat Autorität nichts mit Herrschaft und Tyrannei zu tun. Wahre Autorität muss nicht Herrschaft und Gewalt demonstrieren. Sie muss nicht kontrollieren und alles im Griff haben. Menschen mit Autorität stehen Kindern, Abhängigen und Mitarbeitern so vor, dass sie von ihnen geachtet und respektiert werden.

Mit Selbstbeherrschung ist übrigens auch Selbstkontrolle verbunden.

Selbstkontrolle in der Erziehung

Es besteht heute die einhellige Meinung unter Pädagogen, dass zu geringe elterliche Kontrolle für die Entwicklungspsychologie des Kindes ebenso schlecht ist wie zu starke. Kinder brauchen Kontrolle. Sie brauchen Regeln. Eltern, die keine Beschränkungen auferlegen, erziehen Tyrannen. Wenige Regeln, die aber liebevoll und konsequent durchgezogen werden, sind für das Zusammenleben von Erwachsenen und Kindern hilfreich.

- Der *Tagesablauf* wird durch Regeln bestimmt.
- Die *Schlafenszeiten* werden durch feste Gewohnheiten geregelt.
- Das *Zusammenleben* in der Familie wird durch Regeln und Absprachen bestimmt.

Schon in jungen Jahren müssen Kinder Selbstkontrolle erlernen. Kinder, die allezeit alles bekommen, denen alles erlaubt wird, leben in der Illusion, alles zu beherrschen, auch die

Erwachsenen. Sie werden mit den Beschränkungen und Enttäuschungen draußen nicht fertig. Sie werden schlecht vorbereitet auf diese Welt. Eltern, die meinen, Liebe müsse zügellos sein, werden in der Regel zu wenig kontrollieren. Kinder, die ohne Beschränkungen aufwachsen, kultivieren in der Regel ein Anspruchsdenken. Sie wählen wieder Freunde und Geliebte aus, die den verständnisvollen, alles verzeihenden Eltern entsprechen. Geben und Nehmen, Schenken und Beschenkt-Werden sind *nicht* im Gleichgewicht.

Sowohl Kontrolle ohne Liebe als auch Liebe ohne Kontrolle sind nicht die Einstellungsmuster der Eltern, die bei Kindern den Erwerb der Selbstbeherrschung unterstützen.

Menschen mit Autorität leben von der Autorität Gottes

Ganz gleich, ob es sich um Kinder, Partner, Gemeindeglieder oder Mitarbeiter handelt, wer Autorität hat, nimmt den Mitmenschen ernst. Mitarbeiter und Untergebene sind keine Ware. Der Mitmensch ist der Nächste. Und Nächstenliebe ist ein Kennzeichen wahrer Autorität. Die Interessen des Gegenübers, seine Bedürfnisse und seine Sorgen werden respektiert.

Menschen mit Autorität geben ihrem Herrn Rechenschaft. Ihnen ist es verwehrt, selbstherrlich und selbstsüchtig zu handeln. Menschen mit Autorität sind der Liebe verpflichtet. Diese Liebe sieht, hört und respektiert den anderen, so wie Paulus es im 1. Korinther-Brief, Kapitel 13 formuliert:

„Wer liebt, ist geduldig, gütig. Wer liebt, der ereifert sich nicht, er prahlt nicht und spielt sich nicht auf. Wer liebt, der verhält sich nicht taktlos, er sucht nicht den eigenen Vorteil und lässt sich nicht zum Zorn erregen. Wer liebt, der trägt keinem etwas nach; es freut ihn nicht, wenn einer Fehler macht, sondern wenn er das Rechte tut." (1. Kor. 13, 4-6)

Diese Liebe haben wir nicht aus uns selbst. Wir können sie uns nicht mit Disziplin und Selbstkontrolle abzwingen. Sie ist ein Geschenk unseres Herrn. Darum ist auch wahre Autorität keine selbst produzierte Tugend. Sie kennzeichnet Menschen, die sich Gottes Liebe, der *agape*, aussetzen.

Liebe ist das größte Charisma, das Gott den Menschen schenken kann. Diese Gabe verändert Menschen. Sie macht gerecht, geduldig und gütig. Eine solche Liebe verleitet nicht, sich aufzuspielen bzw. anzugeben und große Töne zu spucken. Autoritäre Verhaltens- und Einstellungsmuster haben mit wahrer Liebe und wahrer Autorität nichts zu schaffen.

Es bleibt dabei: Menschen, die die Autorität Gottes ohne Einschränkung bejahen, spiegeln erkennbar die wahren Elemente konstruktiver Autorität in zwischenmenschlichen Beziehungen wider.

- Solche Menschen sind *positive Erzieher*.
- Solche Menschen sind *liebenswerte Partner*.
- Solche Menschen sind *geachtete Vorgesetzte*.
- Solche Menschen sind *respektierte Lehrer*.
- Solche Menschen sind *anerkannte Vorbilder*.

Denkanstoß Nr. 8: Verantwortungsgefühl, weil „Menschen wichtig sind"

Das Verantwortungsgefühl im persönlichen, familiären und gesellschaftlichen Leben erfährt die verschiedensten Begründungen. Der Mensch als soziales Wesen ist ohne Kooperation und Interaktion mit anderen Menschen lebensunfähig.

Mein Glück und mein persönliches Wohlergehen hängen immer auch von meinem Mitmenschen ab. Am Ende ist sein Glück oft auch mein Glück und sein Leid mein Leid.

Selbstverwirklichung ist seit den 60er-Jahren ein Schlagwort. Selbstverwirklichung ist in Pädagogik und Psychologie geradezu zum Schlüsselbegriff geworden, um dem Menschen Glück, Zufriedenheit und seelische Gesundheit zu verschaffen. Mit diesen hochgespielten Begriffen sind den Menschen falsche Erwartungen vermittelt worden. Die revolutionären Ideen, die Glück und Wohlergehen des Menschen auf eine solide Basis stellen sollten, beinhalten jedoch einige handfeste Irrtümer. Viktor E. Frankl stellt dazu fest:

„Eines lässt sich aber wohl sagen, worin der Sinn des Daseins auf keinen Fall gelegen sein kann. Nicht liegt er nämlich in jener Selbsterfüllung und Selbstverwirklichung. (...) Im Gegenteil: der Mensch ist nicht dazu da, um sich selbst zu erfüllen und zu verwirklichen. (...) Nur in dem Maße, in dem wir uns preisgeben an die Welt und an die Aufgaben und Forderungen, die von ihr her einstrahlen in unser Leben, nur in dem Maße, in dem es uns um die Welt da draußen und die Gegenstände geht, nicht aber um uns selbst oder um unsere eigenen Bedürfnisse, nur in dem Maße (...) erfüllen und verwirklichen wir uns selbst.“ [6]

Frankl geht so weit, dass er schreibt, gerade der Mensch, der den wirklichen Sinn seines Lebens verfehlt habe, steuere Selbsterfüllung und Selbstverwirklichung als Ziel an. Selbstverwirklichung, Selbsterfüllung, Glück und Lust können niemals *auf direktem Weg* erreicht werden, also absichtlich und zielbewusst, sondern sie sind Geschenke, sie sind Begleitphänomene, sie sind Abfallprodukte und Begleitmusik der Liebe zu anderen, der Verantwortung für andere. Verantwortung ist ein *zwischenmenschlicher* Vorgang, keine Frage der Selbst-Verantwortung.

- Indem ich andere beglücke, werde ich *glücklich*;
- indem ich anderen zur Zufriedenheit verhelfe, werde ich *zufrieden*;
- indem ich das Wohlergehen anderer im Auge habe, führe ich ein *erfülltes Leben*.

Denkanstoß Nr. 9: Wir sind zu Opfern erzogen worden

Der Mensch ist ein Wesen, das Entscheidungen trifft. Der Gedanke, dass wir Opfer sind, Opfer von Einflüssen, hat sich tief in unsere Vorstellungen eingegraben. Unser Denken ist geradezu davon verseucht.

- Wir sind *Opfer* unseres Erbgutes,
- wir sind *Opfer* unserer Gesellschaft,
- wir sind *Opfer* unserer Gefühle,
- wir sind *Opfer* unserer Triebe,
- wir sind *Opfer* unserer Umwelt,
- wir sind *Opfer* unglücklicher Umstände,
- wir sind *Opfer* aller möglichen Kräfte.

Wir wurden zu Opfern gemacht. Wir sind zu Opfern erzogen worden und wir haben es teuflisch gut gelernt, dieses Wissen anzuwenden.

Indem wir uns als Opfer verstehen,

- können wir uns entschuldigen,
- können wir uns drücken,
- können wir uns herausreden,
- können wir uns reinwaschen.

Auch Entschuldigungen blockieren die Verantwortung. Dass die Entschuldigung etwas Teuflisches an sich hat, beweist das Zitat, das im Volksmund geläufig ist:

„Warum schlug der Teufel seine Großmutter? – Weil sie keine Entschuldigung wusste."

Solange ein Mensch sich entschuldigt, hält er unbewusst nach Motiven Ausschau, die er *benutzt*, um sich zu entschuldigen. Entschuldigungen sind Mittel zum Zweck, um uns zu rechtfertigen, um uns freizukaufen. Solange ein Autodieb als *seelisch krank* behandelt wird, wird er sich nicht ändern. Ihm wird ja erlaubt, sich als krank zu verstehen, er wird konsequent – und darin hat er recht – den missverstandenen Menschen spielen. Erziehung, Elternhaus und Gesellschaft haben ihn krank gemacht.

- Er kann sich jetzt entlastet fühlen,
- er musste sich rächen,
- er musste sich abreagieren.

Und wir sollen dafür Verständnis haben?

Denkanstoß Nr. 10: Müssen wir die Tat an sich entschuldigen?

- Ist ein Eifersuchtsmord zu entschuldigen, wie wir von renommierten Strafverteidigern lesen?
- Ist der Mann krank, der die „Nerven" verliert?
- Ist der Jähzornsausbruch zu entschuldigen?
- Ist dem Ehepartner, der seine Partnerin zusammengeschlagen hat, nur die Hand ausgerutscht?
- Müssen wir bei „blinder Wut" alle Augen zudrücken?

Nehmen wir an, ein Hausbesitzer hat in seinem Keller seit Jahren ölgetränkte Lappen gestapelt. Wiederholt wurde er davor gewarnt. Aber er sammelt die Lappen, die er irgendwann wieder verwenden will. Viele Lappen liegen dicht an der Heizung. Eines Tages bricht ein Brand aus, dem der Hausbesitzer nicht gewachsen ist. Es gelingt ihm nicht, den Brand zu löschen.

- Ist er für den schrecklichen Brand verantwortlich zu machen?
- Kann man ihn zur Verantwortung ziehen?
- Könnte er nicht sagen, dass das Feuer so groß war, dass er es unmöglich unter Kontrolle bringen konnte?

Natürlich ist er verantwortlich. Über lange Zeit hat er brandgefährliches Material gesammelt. Biblisch gesprochen: Er hat geerntet, was er gesät hat. Menschen, die immer wieder verkehrt handeln, die sich sündhaft verhalten und ihren Keller, ihr Unbewusstes mit feuergefährlichen Lumpen füllen, handeln hochgradig verantwortungslos.

Beispiel Kain.

- War Kain ein „armer Triebtäter"?
- War Kain ein Opfer seines Aggressionstriebes?

Im Alten Testament lesen wir es anders:

„Kain stieg das Blut in den Kopf, und er starrte verbittert vor sich hin. Der Herr sah es und fragte Kain: ‚Warum wirst du zornig? Warum brütest du vor dich hin? Wenn du Gutes im Sinn hast, kannst du den Kopf frei erheben; aber wenn du Böses planst, lauert die Sünde vor der Tür deines Herzens und will dich verschlingen. Du musst Herr über sie sein!'"
(1. Mose 4, 5-7)

Kain wurde vom lebendigen Gott gewarnt. Kain wusste, was er tat. Kain wollte nicht hören. Kain wollte egoistisch und selbstherrlich seine Rolle als Ältester behaupten.

Es gibt keine Entschuldigung für mangelnde Selbstbeherrschung, auch wenn der Mensch sich im letzten Augenblick, wenn das Fass überläuft, in der Tat nicht beherrschen kann. Der Mensch ist verantwortlich für sein eigenes Unvermögen. Der Mensch ist weitgehend verantwortlich für seine eigene „Unzurechnungsfähigkeit". Es sei denn, dass echte organische Schäden vorliegen.

Wer hier die Verantwortung leugnet, nimmt den Menschen die Hoffnung. Wer auf Verantwortung besteht, schafft Voraussetzungen für wirksame Hilfe.

Da verantwortliches Verhalten sich nicht von selbst einstellt, tut Erziehung zur Verantwortung not. Sie muss ganz früh beginnen. Wer als Vater und Mutter seine Familie in ein verantwortliches Miteinander verwandeln will, wer Chaos und Beziehungsstörungen verhindern möchte,

...der muss selbst verantwortlich leben,
...der muss helfen, dass *alle* Familienglieder sich verantwortlich fühlen,
...der muss lernen, seinen Kopf hinzuhalten für Taten, die verantwortungslos sind,
...der muss Wert darauf legen, dass wir gemeinsam, voreinander und vor dem lebendigen Gott unser Leben verantworten.

Denkanstoß Nr. 11: Vier Leitsätze für Familien in der Verantwortung vor Gott

Leitsatz Nr. 1: Die christliche Familie lebt nach biblischen Grundsätzen

In jeder Familie – in der christlichen wie in der nichtchristlichen – kommt es zu Konflikten, Meinungsverschiedenheiten und Machtkämpfen. Eltern und Kinder versagen. Die christliche Familie ist kein Hort der Vollkommenheit. Hier leben Menschen aus Fleisch und Blut mit Vorzügen, Fehlern und Schwächen. Und was unterscheidet sie von Nichtchristen?

- Sie wissen, dass sie Sünder sind.
- Sie geben vor Gott und untereinander ihre Fehler zu und beschönigen sie nicht.
- Sie überwinden daher schneller und leichter falsche Verhaltensweisen und erwarten von Gott und dem Nächsten Hilfe und Vergebung. (1. Joh. 1, 8-10)

Leitsatz Nr. 2: Die christliche Familie kennt keinen hoffnungslosen Fall

Es gibt in vielen Familien schwere Probleme, aber keinen hoffnungslosen Fall. Die meisten Schwierigkeiten sind hausgemacht. Daher sind sie auch wieder zu bewältigen. Nicht nur zur Weihnachtszeit singen und sagen wir: Christ der Retter ist da. Wer die Hoffnung aufgibt – es sei denn, es handelt sich um unheilbare organische Leiden – misstraut seinem Herrn, der nicht nur von der Hoffnung redet, sondern die Hoffnung *ist.* Gott verliert nicht die Geduld und gibt keinen Menschen auf. Wir können von ihm lernen und uns die Kraft schenken lassen, an unser Kind und an unseren Partner zu glauben.

„Darum werfet euer Vertrauen nicht weg, welches eine große Belohnung hat." (Hebr. 10, 35)

Leitsatz Nr. 3: In der christlichen Familie geht es nicht ums Herrschen, sondern ums Dienen

Auch für die christliche Familie gilt dieses Wort: „Wenn nun ich, der Herr und Meister, euch die Füße gewaschen habe, dann müsst auch ihr einander die Füße waschen. Ich habe euch ein Beispiel gegeben, damit auch ihr so handelt, wie ich an euch gehandelt habe." (Joh. 13, 14-15)

Die Familie ist in erster Linie der Ort, wo wir unser Christsein praktizieren können. Christus hat sich nicht als Boss aufgespielt, sondern als Diener für die Seinen aufgeopfert. Sein Beispiel ist unser Maßstab. Sein Vorbild ist unsere Richtschnur. Einer ist unser Herr und Meister – Christus.

- Wir sind keine Herren, sondern Diener.
- Wir haben keine elterliche Gewalt, sondern die Pflicht zu elterlicher Sorge.
- Wir sollen keine Macht ausüben, sondern Autorität und Liebe.
- Wir wollen nicht herrschen, sondern unsere Kinder wie Gleichwertige behandeln.
- Wir wollen aber nicht nur reden, sondern Konsequenzen ziehen, wo immer es nötig ist.

Leitsatz Nr. 4: Die christliche Familie kennt keine Rangordnung, sondern Gleichwertigkeit

Das Beispiel vom Leib in 1. Korinther 12 ist ein hervorragendes Gleichnis für das Zusammenleben und das Zusammenspiel in der Familie. Kein Glied – selbst Vater und Mutter nicht – hat Sonderrechte und Sonderprivilegien. Der Mund kann nicht zum Fuß sagen, dass er wichtiger sei. Das Ohr hat nicht mehr Rechte als die Hand, und das Auge herrscht nicht über die Nase. Alle Glieder, kleine und große, wichtige und weniger wichtige, handeln Hand in Hand. Der Leib ist ein Gleichnis für Gleichwertigkeit vor Gott. Keine Rangunterschiede, kein Sich-Vergleichen. Nur einer ist Herr – Christus.

Paulus spricht im Epheserbrief über die „christliche Familienordnung". Der erste Vers in diesem Abschnitt lautet:

„Einer ordne sich dem anderen unter in der gemeinsamen Ehrfurcht vor Christus." (Eph. 5, 21) Wer diese biblische Regel aus Überzeugung praktiziert, führt ein positives familiäres Zusammenleben.

In der heutigen Erziehung brauchen wir klare christliche Maßstäbe, sonst hängen alle Werte in der Luft. Die Zeit der Unverbindlichkeit hat uns Unsicherheit und Orientierungslosigkeit im Erziehungsprozess beschert. Verwöhnung, Überbeschützung und Inkonsequenz sind Praktiken, die in Familie, Schule und Gesellschaft ausgedient haben. Im täglichen Erziehungsstress brauchen Eltern und Erzieher Halt und Orientierung, um Grenzen zu setzen.

- Heute sind gegenseitige Achtung und Respekt notwendig.
- Heute sind wirkliche Autorität und nicht antiautoritäre Methoden angesagt.
- Heute sind Konsequenz und Eindeutigkeit gefragt.

Literaturhinweise

Kapitel 1 – Die Familie als Problemfeld Nr. 1

1 Heinz Zangerle: Sie tun, was ihnen passt. Psychologie heute, 10/1998, S. 42
2 Martin Koschorke: Wer hat die Macht in der Familie von heute? EZI-Information 2005, S. 34
3 Martin Koschorke: a. a. O., S. 35
4 Idea Spektrum, 11/2004, S. 21
5 Christa Meves: Mutterschaft ist der wichtigste Beruf. HÖRZU, 12/2005, S. 30ff
6 Christa Meves: a. a. O., S. 30ff
7 In: Idea Spektrum, 11/2002, S. 15
8 FOCUS, 14/2004, S. 11
9 Stefanie Rosenkranz, Anne Schönharting: Land ohne Kinder. STERN, 27/2005, S. 28
10 Wilhelm Faix: Eine 'Baustelle für die Gemeinde'. In: Idea Spektrum, 11/2002, S. 18

Kapitel 2 – Haupterziehungsfehler: Verwöhnung

1 W. Hugh Missildine: In dir lebt das Kind, das du warst. Verlag Klett-Cotta, Stuttgart 1979 (2. Aufl.), S. 190
2 Eltern for family, 6/2005, S. 48
3 Ulrich Schaffer: Unterwegs. Kreuz Verlag, Stuttgart 1999, S. 92

Kapitel 3 – Haupterziehungsfehler: Überbeschützung

1 Youriko Wahl: Die Angst vor der Schule geht um. Westdeutsche Zeitung, 05.05.2005
2 Michael Tietze, Horst Gröner: Was bin ich für ein Mensch? Herder Verlag, Freiburg - Basel - Wien 1989, S. 81
3 Elisabeth Lukas: Von der Tiefen- zur Höhenpsychologie. Herder Verlag, Freiburg - Basel - Wien 1983, S. 320
4 FOCUS, 19/2005, S. 53

Kapitel 4 – Haupterziehungsfehler: Inkonsequenz

1 Wolfgang Bergmann: Kinder brauchen Eltern, die ihnen Halt geben. Familie & Co., 03/2005
2 Jan-Uwe Rogge: Kinder brauchen Grenzen. Rowohlt Verlag, Reinbek bei Hamburg, 25. Auflage, 2004, S. 201
3 Jan-Uwe Rogge: a. a. O., S. 201
4 Almut Siegert: Na gut, aber nur ausnahmsweise. Familie & Co., 03/2005, S. 58
5 Almut Siegert: a. a. O., S. 69

Kapitel 6 – Erziehung zur Verantwortung

1 Friso Melzer: Das Wort in den Wörtern. J. C. B. Mohr Verlag, Tübingen, S. 326
2 Johannes Beck: Kinder werden oft nur als defizitäre Wesen gesehen. Psychologie heute, 03/2005, S. 53f
3 Johannes Beck: a. a. O., S. 53
4 Wilhelm Faix: Familie im Wandel. Weißes Kreuz, 01/2001, S. 7
5 Anselm Grün: 50 Engel für die Seele. Herder Verlag, Freiburg - Basel - Wien 2001, 3. Auflage, S. 136
6 Viktor E. Frankl: Der Mensch auf der Suche nach Sinn, Herder Verlag, Freiburg - Basel - Wien 1972, S. 75